ENTSCHEIDEN IST EINFACH

Philip Meissner leitet den Lehrstuhl für Strategisches Management und Entscheidungsfindung an der ESCP Europe Berlin, wo er den Einfluss von Wahrnehmungsverzerrern auf unser Handeln analysiert. Er forscht an der Schnittstelle von Psychologie und Strategie und entwickelt Methoden, um Entscheidungsprozesse zu verbessern. Nachdem er seine Karriere im Bankensektor gestartet hatte, absolvierte Philip Meissner einen MBA an der HHL Leipzig Graduate School of Management, promovierte und hat dort seit 2009 das Center for Strategy and Scenario Planning mit aufgebaut, ein gemeinsames Forschungszentrum von Roland Berger und HHL. Er habilitierte sich an der Philipps-Universität in Marburg.

PHILIP MEISSNER

ENTSCHEIDEN IST EINFACH

WENN MAN WEISS, WIE ES GEHT

Campus Verlag
Frankfurt/New York

ISBN 978-3-593-51061-3 Print
ISBN 978-3-593-44115-3 E-Book (PDF)
ISBN 978-3-593-44126-9 E-Book (EPUB)

Trotz sorgfältiger inhaltlicher Kontrolle übernehmen wir keine
Haftung für die Inhalte externer Links. Für den Inhalt der verlinkten
Seiten sind ausschließlich deren Betreiber verantwortlich.
Copyright © 2019 Campus Verlag GmbH, Frankfurt am Main.
Umschlaggestaltung: total italic, Thierry Wijnberg, Amsterdam/Berlin
Layout und Satz: Oliver Schmitt, Mainz
Gesetzt aus der Minion und der DIN Next
Druck und Bindung: Beltz Grafische Betriebe GmbH, Bad Langensalza
Printed in Germany

www.campus.de

INHALT

EINLEITUNG: WAS IST EIGENTLICH EINE GUTE ENTSCHEIDUNG?

»Eine neue Idee führt dazu, dass unser Verstand wächst. Mit dieser neuen Idee wird er nie wieder zu seiner ursprünglichen Dimension zurückkehren.«

Oliver Wendell Holmes, Arzt und Schriftsteller

Soll ich wirklich noch einmal studieren gehen? Schließlich habe ich doch einen guten Job, der mir Spaß bringt. Wenn ich zurückblicke, war die Entscheidung für meinen MBA sicherlich eine der besten Entscheidungen meines Lebens. Ich habe nicht nur wahnsinnig viel gelernt, sondern bin dort auch vielen Freunden fürs Leben begegnet. Außerdem wäre ich wohl nie Professor geworden, sondern heute noch in der Bankenwelt unterwegs. Was war die beste Entscheidung, die Sie je getroffen haben? Wie haben Sie sich direkt nach der Entscheidung gefühlt? Sicherlich erleichtert und glücklich.

Und wie war es vier Wochen davor? Wenn es Ihnen geht wie den meisten Menschen, wahrscheinlich eher weniger gut. Man wacht nachts auf, fühlt sich ständig gestresst, die eigenen Gedanken kreisen ausschließlich um diese eine Sache. Wichtige Entscheidungen treiben uns um, wir treffen sie nicht gerne. Sie erscheinen uns oft als unlösbar.

Gerade Gründer treffen jeden Tag viele schwere Entscheidungen in ihren Start-ups. Sie verantworten alles, von der Strategie über Marketing bis zu Personalentscheidungen, und sind daher ein sehr gutes Beispiel dafür, wie vielschichtig Entscheidungen in der Unternehmenspraxis sind. Daher werden wir in diesem Buch den Start-up-Gründer Paul bei einer seiner wichtigsten Entscheidungen begleiten.

Paul will sein Unternehmen erfolgreich machen und weiter wachsen. Allerdings steht er vor einer schweren Entscheidung, die über die Zukunft seiner Firma entscheiden könnte: Seit Paul deren Internationalisierung vorantreibt, bereitet ihm der polnische Markt schlaflose Nächte. 50 000 Euro Verlust allein im letzten Jahr.

Vor nur fünf Jahren gegründet, hat sich Pauls Start-up mittlerweile erfolgreich in dem hart umkämpften Markt für Sportschuhe etabliert. Mit einer von vielen Freizeitsportlern geliebten Marke ist das Unternehmen in Deutschland bereits sehr erfolgreich. Diesen Erfolg wollte Paul auch im europäischen Ausland wiederholen. Vor zwei Jahren wagte er den Schritt nach Polen. 40 Millionen Einwohner und ein sich rasant entwickelnder Markt. Doch der Markteintritt gestaltet sich schwerer als erwartet. Paul macht bislang nur Verluste. Der Druck seiner Investoren nimmt zu. Morgens direkt nach dem Aufstehen schießt Paul eine Frage durch den Kopf: »Sollen wir aus dem polnischen Markt aussteigen oder weitermachen?« Seit mehreren Wochen quält ihn die Entscheidung, und bislang hat er noch keine Lösung gefunden.

Nicht nur Paul fällt es schwer, wichtige Entscheidungen zu treffen. Wir alle wollen gut entscheiden, egal ob in unserem Privatleben oder im Beruf. Die gute Nachricht vorweg: Über die meisten Entscheidungen, die wir treffen, brauchen wir uns gar keine Gedanken zu machen. Jeden Tag treffen wir circa 20 000 Entscheidungen.[1] Was essen wir zum Frühstück? Tee oder Kaffee? Welchen Weg nehmen wir zur Arbeit? Diese Entscheidungen fallen uns nicht schwer, und fast alle davon treffen wir unbewusst, ohne darüber nachzudenken.

Allerdings gibt es auch andere, wichtigere Entscheidungen, die uns oft schwerfallen und über die wir lange und intensiv nachdenken. Denn diese Entscheidungen haben große Auswirkungen auf unser Leben. Wir haben Angst, einen Fehler zu machen, Angst vor den Folgen der Entscheidung, Angst, uns festzulegen. Also schieben wir die Entscheidung so lange wie möglich vor uns her.

Denken Sie nicht, dass Sie der einzige Mensch sind, dem es so geht. Wir alle haben mit großen Entscheidungen zu kämpfen und wissen oft nicht, wie wir an sie herangehen oder die unterschiedlichen Argumente abwiegen sollen. Dabei ist es egal, worüber wir entscheiden möchten: ob wir einen neuen Job annehmen, wie viel Geld wir für die Rente sparen oder ob wir für die nächste Beförderung mit unserer Familie nach Singapur ziehen. Jede einzelne dieser Entscheidungen ist sehr schwer zu treffen. Es gibt keine intuitiv richtige Antwort, sondern eine Vielzahl von Argumenten für jede der verschiedenen Alternativen.

Vor welcher wichtigen Entscheidung stehen Sie gerade? Oder haben Sie vielleicht gerade eine schwierige Entscheidung getroffen? Wenn es um große und weitreichende Fragen in unserem Leben geht, müssen wir in der Regel nicht lange suchen.

Alle diese Fragen, egal ob im Privatleben oder im Berufsalltag, haben zwei Dinge gemeinsam: Zum einen sind wir fest entschlossen, eine gute Entscheidung zu treffen. Zum anderen sind wir leider erstaunlich schlecht darin, dies auch in die Tat umzusetzen.

GUT ZU ENTSCHEIDEN
KANN MAN LERNEN

Laut einer Umfrage der Online-Jobbörse Monster würden sich nur 7 Prozent noch einmal für den eingeschlagenen Karriereweg entscheiden – satte 49 Prozent würden beruflich gar etwas völlig anderes machen, wenn sie die Chance hätten.[2] Ähnlich unzufrieden mit unseren Entscheidungen sind wir bei unseren Partnern fürs Leben. Die Scheidungsrate in Deutschland ist zwar leicht rückläufig, beträgt aber immer noch 40 Prozent.[3]

Auch in Unternehmen ist das Bild nicht besser. Wenn es darum geht, offene Stellen mit geeigneten Bewerbern zu besetzen, haben viele Firmen Schwierigkeiten damit, gute Entscheidungen zu treffen. Dies gilt selbst für Managementpositionen, bei deren Besetzung oft Personalberater involviert sind. Eine Umfrage unter Headhuntern hat hierzu ergeben, dass circa 40 Prozent der vermittelten Manager innerhalb von 18 Monaten entweder selbst kündigen oder wieder entlassen werden.[4]

Das Problem beschränkt sich jedoch nicht nur auf Personalentscheidungen. Eine aktuelle Umfrage der Unternehmensberatung McKinsey & Company, bei der 2.207 Führungskräfte befragt wurden, hat ergeben, dass nur 28 Prozent der Manager mit der Qualität der im Unternehmen getroffenen strategischen Entscheidungen zufrieden waren. 60 Prozent gaben an, dass aus ihrer Sicht schlechte Entscheidungen genauso häufig getroffen wurden wie gute. Aus Sicht der übrigen 12 Prozent gab es generell kaum gute Entscheidungen in den jeweiligen Unternehmen.[5] Klingt deprimierend? Ist es auch.

Warum fällt es uns also so schwer, gute Entscheidungen zu treffen, wenn diese doch so wichtig für uns sind und wir so viel Zeit auf sie verwenden? In den Medien hören wir häufig von erfolgreichen Managern, die als entscheidungsstark beschrieben werden. Oder eben vom Gegenteil, dann sind Führungskräfte entscheidungsschwach, zögerlich, nicht risikobereit. Man bekommt dann schnell den Eindruck, dass das Treffen von Entscheidungen eine Eigenschaft eines Managers ist, die quasi angeboren ist, die er entweder mitbringt oder nicht.

Das Gegenteil ist aber der Fall.

Doch zunächst sollten wir fragen, warum wir bei wichtigen Entscheidungen so oft danebenliegen.

UNSERE EIGENEN DENKWEISEN
STEHEN UNS OFT IM WEG

Bei unseren Entscheidungen werden wir von einer ganzen Reihe psychologischer Faktoren beeinflusst. Diese verzerren unsere Wahrnehmung und beeinflussen so systematisch, wie wir entscheiden. Der Nobelpreisträger Daniel Kahneman hat diese Faktoren in seinem weltweiten Bestseller *Schnelles Denken, langsames Denken* analysiert. Er beschreibt, dass unsere Denkprozesse durch zwei verschiedene Systeme beeinflusst werden. Ein schnelles, unbewusstes System, das zu eher emotionalen und stereotypen Entscheidungen kommt, und ein langsames, bewusstes System, das uns bei logischen Entscheidungen hilft.[6] Dieses bewusste System ist jedoch nur selten aktiv. Bei wichtigen Entscheidungen kann dies dazu führen, dass wir uns von einer verzerrten Denkweise leiten lassen und daher schlecht entscheiden.

Glücksspiel ist hierfür ein sehr gutes Beispiel. Wenn wir genau darüber nachdenken, wissen wir, dass es mehr als unwahrscheinlich ist, im Lotto zu gewinnen. Trotzdem spielen allein in Deutschland fast 30 Millionen Menschen regelmäßig oder gelegentlich.[7] In den USA werden jedes Jahr 48 Milliarden Dollar ($ 48 000 000 000) in Spielkasinos ausgegeben. Das ist fünfmal so viel wie für Kinokarten. 70 Prozent dieses Geldes wird für Spielautomaten verwendet. Daher gibt es in den USA ungefähr doppelt so viele Spielautomaten wie Geldautomaten.[8] Auch in Deutschland steigt die Anzahl von Spielautomaten jedes Jahr.

Beim Glückspiel lassen wir uns oft von Emotionen leiten. Die Hoffnung auf den großen Gewinn gibt uns ein Glücksgefühl. Viele Spieler wissen oft schon genau, was sie mit dem Gewinn machen werden, wenn sie den »Glücksschein« an der Annahmestelle abgeben. Über die tatsächlichen Chancen denken wir nicht nach. Unser schnelles, emotionales Denksystem ist am Werk und wir treffen eine schlechte Entscheidung.

Darüber hinaus haben wir oft Angst vor einer Fehlentscheidung und treffen dann lieber gar keine Entscheidungen oder schieben unsere Entscheidung ewig vor uns her. Wir verdrängen das Problem, vor dem wir stehen, dann zwar, es löst sich dadurch aber leider nicht auf, und wir sind schließlich gezwungen, sehr schnell und unter enormem Druck von außen zu entscheiden.

Unsere Denkfehler und Emotionen sowie unsere Tendenz, uns nur ungern mit wichtigen Entscheidungen auseinanderzusetzen, sind also die Hauptprobleme, die uns davon abhalten, gute Entscheidungen zu treffen. Allerdings können wir dagegen etwas tun.

WAS IST EIGENTLICH EINE
GUTE ENTSCHEIDUNG?

Dies ist eine Frage, die viele Menschen umtreibt und die uns oft im Weg steht. Häufig beurteilen wir eine Entscheidung nach dem Ergebnis. Wenn ich mich also dazu entschieden habe, meinen Job zu wechseln, frage ich mich nach zwei Jahren: *Bin ich in der neuen Firma glücklich? Verdiene ich genug Geld? Sind meine Aufgaben spannend? Komme ich mit meinen Kollegen zurecht?* Wenn dies nicht der Fall ist, ist unsere Schlussfolgerung einfach: Wir haben damals keine gute Entscheidung getroffen.

Diese Beurteilung im Nachhinein ist aber nicht fair. Denn wir können zu dem Zeitpunkt, an dem wir die Entscheidung treffen, unmöglich alle Folgen, die sich aus der Entscheidung ergeben, absehen. Die Zukunft ist unsicher und wird von sehr vielen verschiedenen Faktoren beeinflusst, die außerhalb unserer Kontrolle liegen. Wenn wir also eine Entscheidung nur dann als positiv beurteilen, wenn sich alle anderen Faktoren in unserer Umwelt zufällig auch positiv auswirken, wird es für uns sehr schwer, jemals eine gute Entscheidung zu treffen.

Vielmehr sollten wir die Qualität der Entscheidung ausschließlich zu dem Zeitpunkt beurteilen, an dem wir die Entscheidung getroffen haben. Da wir nicht in die Zukunft sehen können, müssen wir bei unserer Entscheidung mit den Informationen auskommen, die wir haben.

Wir können also nur den Prozess beurteilen, den wir für unsere Entscheidung angewendet haben. Denn diesen Prozess können wir sehr gut hier und heute beurteilen. Die Auswirkungen der Entscheidung in der Zukunft nicht. Daher sollten wir die folgende Regel anwenden, um die Qualität von Entscheidungen zu beurteilen:

Die Qualität unserer Entscheidung muss zum Zeitpunkt der Entscheidung beurteilt werden und nicht im Nachhinein.

Um gute Entscheidungen zu treffen, müssen wir also einem guten Entscheidungsprozess folgen. Bei Unternehmensentscheidungen wurde dies bereits untersucht. Das Ergebnis ist eindeutig. Ein guter Entscheidungsprozess in einem Unternehmen kann dessen Profitabilität um über 30 Prozent erhöhen.[9] Ähnliche Studien zeigen sogar, dass der Prozess, mit dem die Entscheidung getroffen wird, wichtiger ist als die jeweilige Analyse und deren Inhalt.[10]

In den letzten Jahren haben sich viele Wissenschaftler mit der Frage beschäftigt, wie ein solcher Prozess aussehen sollte und welche Methoden man anwenden kann, um bessere Entscheidungen zu treffen. Auch ich selbst habe mich intensiv mit dieser Frage beschäftigt und Methoden entwickelt, bei denen es darum geht, den eigenen Denkprozess bewusst zu strukturieren und zu öffnen. Wir müssen uns dazu bringen, auch andere Meinungen und Sichtweisen zuzulassen und in den Entscheidungsprozess zu integrieren. Darüber hinaus können wir mit bestimmten Methoden unsere Angst vor Fehlentscheidungen reduzieren und unsere Entscheidung und deren mögliche Auswirkungen in die richtige Perspektive setzen.

Dieses Buch fasst die Methoden zusammen und zeigt Ihnen, wie Sie diese schnell und einfach für Ihre persönliche Entscheidung anwenden können. Alle Methoden sind wissenschaftlich fundiert und so aufbereitet, dass Sie sie direkt anwenden können – ohne viel Aufwand und auf Basis einiger kleiner Veränderungen in dem Prozess, mit dem Sie die nächste wichtige Entscheidung in Ihrem Leben angehen.

Konkret umfasst dieser Entscheidungsprozess sieben Schritte. In jedem Schritt wird eine Methode vorgestellt, mit der Sie Ihre Entscheidungen verbessern können. Am besten funktioniert der Prozess, wenn Sie die Schritte nacheinander durchführen, Sie können aber auch jede der Methoden einzeln anwenden, um in bestimmten Entscheidungssituationen Ihre Denkprozesse zu steuern und zu strukturieren.

Zusätzlich zu diesen Schritten gibt es einen Joker, der Ihnen beim Treffen von besseren Entscheidungen helfen kann: Achtsamkeit. Diese Technik wenden Sie nicht nur zum Zeitpunkt der Entscheidung an. Vielmehr sollte sie stets mitlaufen und in Ihren Alltag integriert sein. Achtsamkeit wird im Westen noch oft als spirituelle Methode abgetan. Dabei geht es im Grunde um eine Art Workout für den Kopf, dessen positive Effekte auf Entscheidungsverhalten in einer Vielzahl von wissenschaftlichen Studien gezeigt wurden.

Durch die vielen positiven Effekte von Achtsamkeit entwickeln Sie so eine Art »Superpower« für Entscheidungen, da achtsames Vorgehen nachweislich sowohl gegen den negativen Einfluss von Denkfehlern als auch bei der Steuerung von Emotionen helfen kann.

DIE PSYCHOLOGIE SCHLECHTER ENTSCHEIDUNGEN

»Wir dürfen nicht vergessen, dass unsere
Emotionen uns durch unser Leben steuern und
wir ihnen folgen, ohne es zu wissen.«

Vincent van Gogh

Warum sind wir überhaupt nach Polen gegangen?
War es damals eine gute oder eine schlechte
Entscheidung? Und warum habe ich mich nicht
schon längst für einen Ausstieg entschieden?
Diese Fragen treiben Paul immer wieder um. Von
Freunden hat Paul vor Kurzem auf einer Feier von
Denkfehlern gehört und wie Emotionen uns bei
unseren Entscheidungen leiten. Fällt es uns deshalb
so schwer, zu entscheiden? Ist das Problem unsere
Art zu denken?

Tatsächlich sind die wichtigsten Gründe dafür, dass wir
schlechte Entscheidungen treffen, in unseren unbewussten Denkprozessen zu finden.

Wenn man Studenten danach fragt, wer von ihnen
in der Abschlussklausur eine überdurchschnittlich gute
Note schreiben wird, melden sich 75 Prozent der Studenten in dem Kurs. Tatsächlich können aber nur 50 Prozent
der Studenten in der Klasse wirklich überdurchschnittli-
che Noten erreichen.

WIR MACHEN ES BESSER: GRANDIOSE SELBSTÜBERSCHÄTZUNG

Egal in welchem Kontext: Wir überschätzen uns selbst im Vergleich zu anderen. Und das tun wir systematisch. Sind Sie zum Beispiel der Ansicht, dass Sie ein überdurchschnittlich guter Autofahrer sind? Oder ein besonders guter Ehemann beziehungsweise eine besonders gute Ehefrau? Damit sind Sie nicht allein. Wenn man Ehemann und Ehefrau jeweils individuell danach fragt, wie viel Prozent der Aufgaben im Haushalt sie erledigen, und dann beide Antworten zusammenzählt, bekommt man eine Zahl, die höher ist als 100 Prozent.[11] Jeder der Eheleute denkt also, dass er oder sie die meiste Hausarbeit erledigt. Wir überschätzen unseren eigenen Beitrag. Streit ist aufgrund unserer Selbstüberschätzung quasi vorprogrammiert.

Das sehen wir auch beim Autofahren. Laut einer aktuellen Studie schätzen sich 74 Prozent der Autofahrer als überdurchschnittlich gute Fahrer ein.[12] Diese Selbstüberschätzung kann dazu führen, dass wir zu große Risiken eingehen und daher schlecht entscheiden. Und das nicht nur im Straßenverkehr.

Unsere Selbstüberschätzung führt auch dazu, dass wir nicht genug für die Rente sparen oder uns bei wichtigen Unternehmensentscheidungen verkalkulieren. Auch wenn wir das Budget für unsere Hochzeit planen, sollten wir möglicherweise etwas großzügiger sein, denn die Gefahr, dass wir das Budget zu niedrig ansetzen, ist sehr groß. Wir sehen die Zukunft zu optimistisch und planen daher heute zu wenig Geld ein. Eine Entscheidung, die uns in der Zukunft wieder einholen wird.

Wenn wir wichtige Entscheidungen treffen, werden wir von einer Vielzahl solcher Denkfehler beeinflusst. Bevor wir jedoch etwas gegen diese Denkfehler tun können, müssen wir sie zunächst einmal kennen und verstehen. Daher möchte ich sie in diesem Kapitel kurz vorstellen.

Lassen Sie uns mit einer kleinen Übung starten:

Unten sehen Sie 10 Fragen und zu jeder Frage jeweils drei Antwortmöglichkeiten. Bei der Beantwortung der Fragen geht es ausschließlich um Ihre Einschätzung zu verschiedenen Themen. Ich möchte Sie bitten, jeweils in dem Feld »Meine Antwort« die Zahl anzugeben, von der Sie denken, dass dies die richtige Antwort auf die Frage ist.

Zusätzlich würde ich Sie bitten, sowohl links als auch rechts von dieser Antwort eine Bandbreite festzusetzen, also einen Wert, der kleiner ist als »Ihre Antwort« und einen Wert, der größer ist als »Ihre Antwort« in der Mitte. Diese beiden Antworten sollen so gewählt sein, dass Sie sich zu 90 Prozent sicher sind, dass die tatsächliche Antwort innerhalb dieser Bandbreite liegt.

Es gibt nur drei Regeln. Die erste wird Ihnen sicher am schwersten fallen: Benutzen Sie nicht das Internet. Es geht nicht darum, die richtige Antwort zu »googeln«, sondern ausschließlich um Ihre eigene Einschätzung. Die zweite Regel lautet: Fragen Sie niemanden um Rat und diskutieren Sie die Antworten mit niemandem. Es geht um Ihre persönliche Einschätzung. Die dritte Regel ist: Sie haben nur zehn Minuten Zeit zur Beantwortung aller Fragen, also legen Sie los.[13]

Frage	Untere Grenze	»Meine Antwort«	Obere Grenze
1) Wie groß ist die Distanz zwischen San Francisco und Rom (in Flugmeilen)?			
2) In Sekunden, wie lang ist die Gedächtnisspanne eines Goldfisches?			
3) In welchem Jahr erfand Johann Denner die Klarinette?			
4) Wie viel CO_2 wurde im Jahr 2007 in China emittiert?			
5) Finnland hat 5 Millionen Einwohner. Wie viele Saunen gibt es dort?			
6) Wie lange dauerte es, den Triumphbogen in Paris zu bauen?			

Frage	Untere Grenze	»Meine Antwort«	Obere Grenze
7) Wie viele Hektoliter Bordeauxwein wurden durch Frankreich im Jahr 2005 exportiert?			
8) Wie groß ist die Distanz zwischen Haiti und Cuba (in Kilometern)?			
9) Welcher Anteil von Amerikanern hat im Jahr 2006 sein Auto bar bezahlt?			
10) Eines der frühesten Fossilien der modernen Menschheit ist der sogenannte »Peking Man«. Wie alt schätzen ihn Wissenschaftler?			

Die richtigen Antworten finden Sie auf Seite 181.[14]

Als Nächstes würde ich Sie bitten, zu überprüfen, ob diese richtige Antwort zu jeder Frage jeweils innerhalb der von Ihnen gewählten Bandbreite, also zwischen der von Ihnen ausgewählten unteren und oberen Grenze liegt. Danach bitte zählen: Wie viele der tatsächlichen Antworten liegen bei Ihnen innerhalb der Bandbreite?

Keine Angst. Wenn es Ihnen so geht wie den meisten Menschen, dann sieht die Anzahl Ihrer »richtigen Antworten« jetzt nicht so gut aus. Ich habe diese Übung in einer Vielzahl von Workshops mit Studenten und Managern durchgeführt. Das Ergebnis ist immer das gleiche. Keiner hat zehn von zehn Antworten richtig.

Mit etwas Glück gibt es in der Gruppe einzelne Teilnehmer mit sieben bis neun richtigen Antworten. Das ist aber eher die Ausnahme. Die meisten Menschen haben bei dieser Übung vier bis fünf korrekte Antworten. Sehr viele aber auch »nur« drei oder sogar gar keine Antworten innerhalb der ausgewählten Bandbreite. Am Anfang hatte ich Sie jedoch gebeten, die Bandbreite so zu wählen, dass Sie sich zu 90 Prozent sicher sind, dass die richtige Antwort innerhalb der unteren und oberen Grenze liegt. Sie hätten also eigentlich neun Antworten richtig haben sollen.

Der Grund dafür, warum nur die wenigsten Entscheider neun richtige Antworten bei dieser Übung haben, liegt in unserer Psyche. Wir überschätzen uns selbst und vor allem unsere eigene Vorhersagefähigkeit systematisch. Denn alle Fragen haben eine Sache gemeinsam: Wir haben eigentlich überhaupt keine Ahnung davon, was die richtige Antwort sein könnte.

Wenn wir nicht zufällig Biologie studiert haben, ist es unmöglich, die Gedächtnisspanne eines Goldfisches zu kennen. Dass wir die Antworten nicht kennen und es daher auch eigentlich unmöglich ist, auf diese zu kommen, gestehen wir uns jedoch nicht ein.

Stattdessen analysieren wir: Wir kennen vielleicht nicht

die Distanz zwischen Rom und San Francisco, sind aber vielleicht schon einmal von München nach Washington geflogen. Das waren doch circa 8 000 km damals, oder? Also ist die Distanz zwischen Rom und San Francisco wahrscheinlich doppelt so groß.

So weit, so gut. Jetzt folgt jedoch der entscheidende Fehler. Wir sind so stolz auf unsere eigene Analyse, dass wir das Ergebnis für richtig halten. Schließlich haben wir ja sehr lang und intensiv darüber nachgedacht. Und wir sind schließlich schlau, also wird es schon stimmen.

Anstatt jetzt im nächsten Schritt die Bandbreite um unsere Antwort also sehr breit anzusetzen, um sicher zu sein, dass die tatsächliche Antwort auch wirklich innerhalb der Bandbreite liegt, wählen wir eine sehr enge Bandbreite. So verhindern wir, dass wir die Chance haben, tatsächlich viele richtige Antworten innerhalb der gewählten oberen und unteren Grenze zu erhalten.

Wir sind uns zu sicher und unterschätzen das Risiko, bei unserer Einschätzung falsch zu liegen. Wir überschätzen uns selbst und unterschätzen die Unsicherheit in unseren Vorhersagen. Und das tun wir systematisch.

Dies führt dazu, dass wir bei Entscheidungen unverhältnismäßig große Risiken eingehen und wichtige Analysen nicht durchführen.[15] Wir fragen andere Menschen nicht um Rat, weil wir uns in einer Scheinsicherheit wähnen. Unsere Selbstüberschätzung führt schlicht zu einer viel zu positiven Wahrnehmung unserer eigenen Vorhersagefähigkeit.

Selbstüberschätzung ist eine der wichtigsten Entscheidungsverzerrungen, aber leider nicht die einzige. Von diesen Denkfehlern gibt es eine ganze Menge. Und sie alle haben eins gemeinsam: Sie verschlechtern auf systematische Art und Weise unsere Entscheidungen, und das unterbewusst. Wir bemerken es also nicht, wenn unsere Psyche und unsere Denkweise uns bei wichtigen Entscheidungen behindern.

DER IKEA-EFFEKT: SELBSTGEMACHTES BEVORZUGT

Ein weiterer wichtiger Denkfehler wurde nach einem großen und sehr bekannten schwedischen Möbelhaus benannt. Es ist der sogenannte IKEA-Effekt.

Fast jeder hat schon einmal etwas bei IKEA gekauft. Wenn auch Sie zu den vielen Kunden von IKEA gehören, dann haben Sie mit Sicherheit schon einmal ein mehr oder weniger interessantes Erlebnis mit dem Aufbau der gekauften Möbel gehabt. Teilweise sind es einfach zu viele verschiedene Teile, und der Aufbau entwickelt sich zu einer größeren Herausforderung als gedacht. Aber gerade deshalb fühlen wir uns richtig gut, wenn das Möbelstück am Ende fertig zusammengebaut ist. Wir haben unser kleines (oder großes) Projekt abgeschlossen.

Wir sind dann besonders stolz auf das Ergebnis, denn schließlich haben wir es ja selbst aufgebaut und somit entstehen lassen. Der IKEA-Effekt beschreibt nun die Tendenz, dass wir Dinge, die wir selbst hergestellt oder gebaut haben, als deutlich besser einschätzen als vergleichbare Produkte. Kunden sind sogar bereit, für selbst kreierte Produkte mehr Geld zu bezahlen. Dies liegt daran, dass wir das fertige Möbelstück als Zeichen unserer eigenen Kompetenz wahrnehmen und deshalb dessen Wert zu hoch ansetzen.[16]

Im Rahmen einer Studie haben Forscher um Michael Norton von der Harvard Business School Teilnehmer gebeten, Möbelstücke von IKEA aufzubauen, Origami aus Papier zu falten und Lego-Bausteine zusammenzubauen. Alle Teilnehmer waren Anfänger und hatten in den einzelnen Bereichen keinerlei Erfahrung oder besondere Begabung. Trotzdem bewerteten die Teilnehmer ihre Werke am Ende als genauso gut wie die von Experten.[17] Das gleiche Phänomen gibt es beim Essen. Wenn wir ein Gericht selbst gekocht haben, schmeckt es uns viel besser, als wenn wir das gleiche Gericht in einem Restaurant essen.[18] Auch wenn es schön ist, selbst zu kochen, und Spaß bringt, als Heimwerker das Haus zu modernisieren: Der IKEA-Effekt kann uns blind machen für das Potential und die Qualität anderer Lösungen und so zu schlechten Entscheidungen führen.

Leider ist das aber noch nicht das Ende der schlechten Nachrichten. Denn Denkfehler beeinflussen neben unserer Selbstwahrnehmung auch die Art und Weise, wie wir die Umwelt um uns herum einschätzen.

VERZERRTE
UMWELTWAHRNEHMUNG

Bei jeder Entscheidung, die wir treffen, analysieren wir automatisch die Umwelt um uns herum. So kann im Supermarkt die Position des Joghurts im Regal unsere Kaufentscheidung beeinflussen. Wenn dieser auf Augenhöhe im Regal steht, kaufen wir ihn viel eher. Deshalb stehen die günstigen Produkte auch ganz unten im Regal, da wir diese meist nicht intuitiv auswählen. Vielmehr greifen wir bei den Produkten zu, die wir sofort sehen. Eben die auf unserer Augenhöhe.

Auch bei größeren Entscheidungen spielt die Analyse des Entscheidungsumfelds eine wichtige Rolle. Dabei zählt die Art und Weise, wie wir unsere Umwelt wahrnehmen. Denn die Informationen, die wir aus unserer Wahrnehmung der Umwelt erhalten, fließen direkt in unseren Entscheidungsprozess ein.

Unsere Wahrnehmung kann uns jedoch trügen. Hierbei spielt der Bewertungsfehler eine besonders wichtige Rolle.[19] In seinem *TED Talk* gibt der Harvard-Psychologe Dan Gilbert hierfür ein sehr schönes Beispiel. Schauen Sie sich doch einmal die folgenden vier Begriffe an.

Flugzeugabsturz	Terrorismus
Ertrinken	Asthma

Was ist aus Ihrer Sicht die größte Gefahr?

Die meisten Menschen wählen aus dieser Liste den Flugzeugabsturz und Terrorismus aus. Tatsächlich sind Asthma und Ertrinken jedoch deutlich größere Risiken für uns. Alle zwei Stunden stirbt ein Asthmatiker in Deutschland, das sind 4 380 Menschen pro Jahr.[20] Im Vergleich hierzu sind 404 Menschen im Jahr 2017 ertrunken.[21] Weltweit sind 2015 136 Menschen bei Flugzeugunglücken ums Leben gekommen.[22] Im Jahr 2016 wurden 21 Menschen in Deutschland Opfer terroristischer Attentate, im Jahr 2017 eine Person.[23] Die Realität weicht also von unserer Wahrnehmung der Realität ab.

Trotzdem bewerten wir das Risiko oft nicht auf Basis dieser objektiven Zahlen, sondern auf Basis unserer Wahrnehmung. Hierbei »helfen« uns die Medien sehr. Denn in den Nachrichten sehen und hören wir oft von Menschen, die durch Terrorismus oder Flugzeugabstürze ums Leben gekommen sind. Über solche eigentlich unwahrscheinlichen Ereignisse wird vielfältig berichtet. Über Menschen, die durch Asthma oder durch Ertrinken gestorben sind, wird in der Regel nicht berichtet. Es ist viel zu »normal«. Gleiches gilt für unsere Wahrnehmung gefährlicher Tiere.

Die meisten Menschen haben Angst vor Haiattacken. Weltweit waren Haie im Jahr 2016 jedoch »nur« für acht Todesfälle verantwortlich.[24] Das gefährlichste Tier der Welt ist der Moskito. Da dessen Stich viele Krankheiten wie beispielsweise Malaria überträgt, ist der kleine Moskito für weltweit jährlich circa 400 000 Todesfälle verantwortlich.[25]

Wir tendieren also dazu, nicht auf Basis von tatsächlichen Zahlen zu entscheiden, sondern bewerten Dinge, die wir oft sehen oder die eine sehr starke emotionale Assoziation bei uns auslösen, als wahrscheinlicher. Wir haben Angst vor Haien, da sich viele noch sehr gut an den Film *Der Weiße Hai* oder den letzten Bericht in den Nachrichten über einen Haiangriff erinnern können. Von Moskitos hört man dagegen eher selten.

Wenn wir wichtige Entscheidungen treffen, führt der Bewertungsfehler also dazu, dass wir nicht auf Basis von Tatsachen, sondern basierend auf dem entscheiden, was wir oft sehen und deshalb für wahr halten. So fokussieren wir unsere Aufmerksamkeit auf die falschen Dinge und überbewerten unwahrscheinliche Ereignisse. Wir konzentrieren uns nicht auf das, was wirklich eine Gefahr oder eine große Chance darstellen könnte, und lassen uns oft spannende Gelegenheiten entgehen.

DER HALO-EFFEKT –
VORSICHT, HEILIGENSCHEIN

Neben dieser Verzerrung unserer Wahrnehmung von Wahrscheinlichkeiten beeinflussen Denkfehler auch, wie wir andere Menschen in unserer Umwelt wahrnehmen, und führen uns zu Fehleinschätzungen. Da wir bei all unseren Projekten mit Menschen zusammenarbeiten, ist die richtige Einschätzung unserer Partner und Mitarbeiter von besonderer Bedeutung.

Dem stellt sich der sogenannte Halo-Effekt entgegen. »Halo« ist das englische Wort für Heiligenschein. Dieser Effekt führt dazu, dass wir uns durch wenige leicht erkennbare Eigenschaften anderer Menschen dazu verleiten lassen, ihnen auch andere positive oder negative Eigenschaften zuzuschreiben. Im positiven Fall bekommen andere Menschen in unserer Wahrnehmung also eine Art Heiligenschein.

Im Alltag führt der Halo-Effekt dazu, dass wir zum Beispiel gut aussehende Menschen generell deutlich positiver einschätzen. Wir halten sie auch für besonders freundlich, zuvorkommend, erfolgreich und sogar besonders intelligent. Eine Studie von Sean Talamas von der University St. Andrews in Großbritannien hat genau diesen Effekt geprüft. Gemeinsam mit seinem Team beobachtete er Studenten und deren akademische Leistung, also ihre Noten, über einen längeren Zeitraum von mehreren Semestern.

Gleichzeitig zeigte das Team anderen Studenten Bilder der Teilnehmer und bat sie, diese zu beurteilen. Sie sollten die Teilnehmer hinsichtlich ihrer Intelligenz und ihres Notendurchschnitts einordnen. Das Ergebnis der Studie zeigte eindeutig, dass attraktivere Studienteilnehmer als intelligenter eingeschätzt wurden und man ihnen auch bessere Noten zuschrieb. Verglich man diese Einschätzung mit den tatsächlichen Noten der Studenten, gab es absolut keinen Zusammenhang. Die Durchschnittsnoten der attraktiven Studenten wurden genau wie deren Intelligenz einfach systematisch überschätzt.[26]

Der Halo-Effekt bezieht sich jedoch nicht nur auf das Aussehen, sondern auch auf die Ausstrahlung von anderen Menschen. In einer Studie der University of Michigan wurden Teilnehmer gebeten, einen ihnen bisher unbekannten Menschen einzuschätzen. Wieder ging es um generelle Eigenschaften wie seine Zuverlässigkeit oder sein Benehmen. Die Teilnehmer wussten jedoch nicht, dass sie einen Schauspieler einschätzten. Dieser verhielt sich bei einem Teil der Gruppe anders als bei einem zweiten Teil der Gruppe.

In der ersten Gruppe war er warm und freundlich, in der zweiten eher kühl und distanziert. Auch dies hatte einen direkten Effekt auf die Einschätzung der Teilnehmer. Die gleiche Person wurde nur aufgrund seiner Ausstrahlung vollkommen anders eingeschätzt. Wie Sie sich sicher schon denken können, wurden dem Schauspieler in der freundlichen und warmen Rolle deutlich positivere Eigenschaften zugeordnet.[27]

In unserem Geschäftsleben kann der Halo-Effekt dazu führen, dass wir Mitarbeiter aufgrund ihres Aussehens zu gut bewerten und diese dann eher einstellen oder befördern. Wir machen uns dann nicht mehr die Mühe, auch andere Eigenschaften der Person zu beurteilen, obwohl wir dies auf einfache Weise tun könnten. Das Gleiche gilt in unserem Privatleben, bei der Entscheidung über unsere Partner oder unsere Freunde. Auch hier schließen wir im ersten Moment oft von Äußerlichkeiten auf andere Eigenschaften.

Der Halo-Effekt führt also zu eher oberflächlichen Entscheidungen, die oft zu positiv oder zu negativ sind. Dies ist vor allem deshalb problematisch, da wir diese einmal getroffene Einschätzung nur noch schwer ändern. So beeinflusst dieser Denkfehler unsere Wahrnehmung von anderen Menschen noch lange, nachdem wir uns unsere erste Meinung gebildet haben.

Unser Entscheidungsverhalten wird jedoch nicht nur von Denkfehlern beeinflusst. Viele Menschen verlassen sich gerne auf ihr Bauchgefühl. In zahlreichen Situationen kann diese Intuition auch sehr hilfreich und nützlich sein, in anderen ist sie kontraproduktiv.

VON EMOTIONEN GESTEUERT

Emotionen beeinflussen alle unsere Entscheidungen. Wir fühlen sie ständig, egal ob wir Freude empfinden, weil wir einen guten Freund treffen, den wir lang nicht mehr gesehen haben, nervös sind wegen einer Präsentation, die wir halten müssen, oder wütend, weil uns ein aggressiver Autofahrer die Vorfahrt genommen hat.

Auch in wichtigen Entscheidungssituationen spielen Emotionen eine Schlüsselrolle. Dabei sind jedoch nicht alle Emotionen gleich wichtig. Die beiden Programmierer Sep Kamvar und Jonathan Harris haben versucht, die Frage zu beantworten, welche Emotionen weltweit die größte Bedeutung haben. Dafür haben die beiden über vier Jahre hinweg Internetblogs analysiert und die Anzahl der Nennung verschiedener Emotionen in diesen Blogs gezählt. So ergab sich ein globales Stimmungsbild aus über 12 Millionen Emotionsäußerungen. Hier die Top Ten: Besser, schlecht, gut, schuldig, bedauernd, krank, vital, bequem, großartig und glücklich.[28]

Die gute Nachricht aus dieser Studie ist also, dass positive Emotionen wie Freude weltweit mehr Bedeutung haben als negative Emotionen wie Schuld. Zu einem ähnlichen Ergebnis kommt auch das Marktforschungsunternehmen Gallup. In seinem jährlich veröffentlichten weltweiten Emotionsbericht zeigt es, dass positive Emotionen deutlich häufiger sind als negative.[29]

Doch unabhängig davon, ob Emotionen von uns als eher positiv oder negativ wahrgenommen werden, jede Emotion beeinflusst unser Entscheidungsverhalten maßgeblich. Viele Menschen verlassen sich auf ihre Emotionen und nutzen sie als eine Art Indikator dafür, wie sie sich entscheiden sollten. Die aktuelle psychologische Forschung zeigt allerdings, dass Wut, Freude oder Angst unsere Denkprozesse systematisch beeinflussen, und das nicht unbedingt zum Guten.[30]

Wir waren alle schon einmal in einer Verhandlungssituation, in der unser Verhandlungspartner wütend wurde. Sei es, dass es bei einer Verhandlung mit unserem Partner darum geht, wer die Kinder von der Schule abholt, oder dass wir mit unserem Vorgesetzten über unsere Gehaltserhöhung sprechen. Verhandlungen sind wichtige Entscheidungssituationen. Denn hier wird in kurzer Zeit über Themen mit großen Auswirkungen entschieden.

Eine Studie von Psychologen rund um Gerben van Kleef von der Universität von Amsterdam hat die wichtige Rolle von Emotionen bei Verhandlungen untersucht. In einem Experiment brachten sie die Teilnehmer in Verhandlungssituationen, bei denen sie entweder mit einem wütenden oder sehr glücklichen Gegenüber verhandelten. Die Wissenschaftler fanden heraus, dass die Zugeständnisse, die die Teilnehmer im Rahmen der Verhandlung machten, in der Gruppe mit den wütenden Verhandlungspartnern deutlich größer waren als bei den Teilnehmern, die ein glückliches Gegenüber hatten. Wut kann also bares Geld wert sein, denn Sie führt für den wütenden Verhandlungspartner zu einem deutlich besseren Ergebnis. Seine Gegenüber hingegen gehen mit einem schlechten Deal aus der Verhandlung.[31]

Dies liegt daran, dass die Wut des Verhandlungspartners bei uns selbst ein Gefühl von Furcht auslöst. Wir interpretieren die Wut zum einen als Zeichen dafür, dass ein bestimmter Punkt unserem Gegenüber sehr wichtig ist. Ansonsten würde er schließlich nicht so wütend reagieren. Zum anderen haben wir Angst davor, dass die gesamte Verhandlung platzen könnte. Deshalb sind wir in dieser emotionalen Situation zu großen Zugeständnissen bereit. Und gehen womöglich mit einem deutlich niedrigeren Gehalt aus unserer Verhandlung heraus, als wir es eigentlich wollten.

WIE FAIR SIND SIE?

Streng genommen gibt es keine Entscheidung, die nicht von Emotionen beeinflusst wird. Denn sie sind ein fundamentaler Teil unserer Psyche. Besonders unser Gerechtigkeitssinn hat sehr starke Auswirkungen auf unsere Entscheidungen. Wenn wir uns unfair behandelt fühlen, übernehmen unsere Emotionen die Kontrolle über unsere Denkprozesse und wir treffen schlechte Entscheidungen.

Sehr anschaulich wird die Bedeutung von Fairness in einer mittlerweile berühmten Studie gezeigt. In einem Experiment sollen Affen eine einfache Aufgabe erledigen:

Zwei Kapuzineraffen sollen den Forschern einen Stein geben. Im Gegenzug dafür erhalten die Affen ein Stück Gurke. Alle sind zufrieden. Bis die Forscher einem der Affen anstelle der Gurke eine Weintraube geben. Diese schmeckt viel besser und wird damit von den Affen als deutlich wertvoller angesehen als die Gurke. Der zweite Affe sieht, dass sein Partner eine Weintraube und keine Gurke bekommt. Als er dann wieder nur eine Gurke anstelle einer Weintraube bekommt, reagiert er ungehalten, wirft das Stück Gurke weg und regt sich sichtlich auf. Man sieht genau, wie sauer der Affe über diese empfundene Ungerechtigkeit ist.[32] Das Video zu dem Experiment finden Sie bei YouTube unter »capuchin monkey fairness experiment«. Schauen Sie sich das Video ruhig kurz an, es ist nur eine Minute lang.

Wenn wir selbst Ungerechtigkeit erfahren, fühlen wir uns ganz ähnlich. Wir reagieren emotional und sind verärgert. In solchen Situationen treffen wir keine guten Entscheidungen, da wir uns von unseren Emotionen leiten lassen. Dies zeigt ein Experiment aus der Verhaltensforschung, das sogenannte Ultimatum-Spiel.[33]

Das Spiel selbst ist sehr einfach. Stellen Sie sich vor, ich gebe Ihnen 100 €. Dieses Geld müssen Sie nun mit einem Freund teilen. Sie machen Ihrem Freund ein Angebot. Wenn er oder sie das Angebot annimmt, behalten

Sie beide den jeweiligen Anteil. Nimmt Ihr Freund Ihr Angebot nicht an, bekommt niemand etwas. Das Geld ist weg. Es gibt auch keine zweite Runde. Sie haben nur diese eine Chance und nur eine Möglichkeit, ein Angebot zu machen. Wie hoch ist Ihr Angebot?

Denken Sie kurz darüber nach und schreiben Sie Ihr Angebot auf ein Blatt Papier.

Wie viel haben Sie angeboten? 50 €? 30 €? 1 € oder vielleicht 70 €? Und andersherum gefragt, welches Angebot hätten Sie angenommen?

Das Ultimatum-Spiel legt unser eigenes und individuelles Verständnis von Fairness schonungslos offen. Bei diesem Spiel denken wir, als derjenige, der das Angebot macht, in der stärkeren Position zu sein und das Spiel in der Hand zu haben. Am Ende kann unser Partner jedoch unser Angebot einfach ablehnen, wenn er denkt, dieses sei nicht fair. Damit ist er in einer genauso starken Position wie wir selbst, wenn wir das Angebot machen.

Zum Beispiel könnte Ihr Gegenüber denken, jede Lösung, die nicht auf eine 50/50-Aufteilung des Gesamtbetrags hinausläuft, sei unfair. Wenn Sie nun eine für Ihr Gegenüber schlechtere Lösung anbieten, wird er nicht annehmen und Sie damit für Ihre wahrgenommene mangelnde Fairness bestrafen. Rein logisch ist dieses Verhalten nicht zu erklären. Denn eigentlich sollte jeder Spieler ein noch so kleines Angebot annehmen, zum Beispiel 1 €. Wenn er den Euro annimmt, stellt er sich finanziell nämlich immer noch besser, als wenn er ihn nicht annimmt.

Trotzdem lehnen wir solch extrem niedrige Angebote ab, weil wir uns unfair behandelt fühlen. Hier kommt dann unser inneres Kapuzineräffchen zum Vorschein. *Wir möchten nicht die Gurke, wenn unser Gegenüber die Weintraube bekommt.*

Unsere Emotionen lassen uns unsere eigene Vernunft also vergessen. Wir sind so sauer auf unser Gegenüber, dass wir diesen eher für sein von uns als Ungerechtigkeit wahrgenommenes Angebot bestrafen wollen, als uns selbst einen Vorteil zu verschaffen. Diese starke Wirkung von Emotionen in ganz konkreten Entscheidungssituationen ist nicht nur auf unseren Gerechtigkeitssinn beschränkt. Vielmehr zeigt sich hier eine generelle Tendenz: Wenn wir starke Emotionen in Entscheidungssituationen fühlen, dann entfalten diese eine beachtliche Wirkung, die unsere Entscheidung verschlechtern kann.

Falls Sie sich jetzt fragen, wo das Durchschnittsgebot beim Ultimatum-Spiel liegt: Es liegt bei circa 40 Prozent des Gesamtbetrages.[34] Außerdem lehnen ungefähr 50 Prozent der Teilnehmer Angebote ab, die unterhalb eines Angebots von 30 Prozent des Gesamtbetrages liegen.[35]

Stellen Sie sich vor, Sie verhandeln mit einem Lieferanten neue Konditionen. Der Preis, auf den Sie sich einigen, spiegelt am Ende wider, wie viel von seinem Gewinn der Lieferant Ihnen in Form eines niedrigeren Preises überlässt. Setzt er hingegen einen höheren Preis durch, macht er mehr Gewinn und Sie weniger. Es ist also eine Situation ganz genau wie in dem Ultimatum-Spiel. Da Sie sich im

Markt gut auskennen, können Sie den angebotenen Preis gut bewerten und mit den anderen Anbietern im Markt vergleichen. Sie arbeiten möglicherweise schon lange mit dem Lieferanten zusammen, können sich immer auf ihn verlassen und die Qualität stimmt. Trotzdem wären Sie bereit, den Vertrag sofort zu kündigen, wenn Sie sich beim Preis unfair behandelt fühlen und denken, dass Ihr Gegenüber sich auf Ihre Kosten egoistisch verhält. Das Gleiche sehen wir im Übrigen auch bei Gehaltsverhandlungen. Auch hier spielt ein aus Sicht des Arbeitnehmers faires Gehalt im Vergleich zu den anderen Mitarbeitern eine entscheidende Rolle. Ansonsten übernehmen schnell die Emotionen die Kontrolle, es entsteht Frust und möglicherweise folgt die innere Kündigung oder auch die tatsächliche.

Wenn wir wichtige Entscheidungen treffen, führen Emotionen dazu, dass wir wirtschaftlich gute Ergebnisse ablehnen können und andere persönliche Ziele wie Fairness stärker gewichten. Unsere Emotionen überlagern dann unsere Denkprozesse und steuern unsere Entscheidungen unbewusst. Es ist daher besonders wichtig, dass wir uns ihrer Macht und ihrer möglicherweise negativen langfristigen Folgen im Entscheidungsprozess bewusst sind.

MIT EINFACHEN METHODEN
UNS SELBST ÜBERLISTEN

Das waren jetzt viele schlechte Nachrichten. Immer wenn wir Entscheidungen treffen, steht uns unsere Psyche im Weg. Wenn wir im Supermarkt Milch kaufen und uns dabei von Angeboten oder Werbung beeinflussen lassen, ist dies nicht so schlimm. Wenn wir dagegen ein Auto kaufen, den Job wechseln oder über eine Unternehmensgründung nachdenken, können Denkfehler oder emotionale Entscheidungen eine Menge Geld kosten.

Nun aber zu den guten Nachrichten. In den letzten Jahren wurden eine Vielzahl von Methoden und Ansätzen entwickelt, um die Qualität von Entscheidungen zu verbessern und den negativen Einfluss von Denkfehlern und Emotionen zu reduzieren. Diese Methoden sind sehr einfach und lassen sich schnell und sehr effektiv in unsere Entscheidungsprozesse integrieren.

Warum wir schlechte Entscheidungen treffen:

> Unsere Entscheidungsprozesse sind von verschiedenen Denkfehlern beeinflusst, die unsere Selbstwahrnehmung und die Wahrnehmung unserer Umwelt steuern.

> Selbstüberschätzung führt zu einer viel zu positiven Wahrnehmung unserer eigenen Vorhersagefähigkeit.

> Durch den IKEA-Effekt bewerten wir Dinge als zu positiv, die wir selbst kreiert haben.

> Durch unrealistischen Optimismus gehen wir bei Entscheidungen zu große Risiken ein.

> Aufgrund des Bewertungsfehlers schätzen wir unsere Umwelt und die sich daraus ergebenden Risiken falsch ein.

> Der Halo-Effekt führt dazu, dass wir andere Menschen aufgrund von oberflächlichen Eigenschaften falsch einschätzen.

> Unsere Emotionen lassen uns bei wichtigen Entscheidungen unlogisch denken.

> Empfundene Ungerechtigkeit ist ein wichtiger Auslöser für Emotionen bei Entscheidungen.

> Auf Basis von Emotionen treffen wir unbewusst Entscheidungen, die rational nicht nachzuvollziehen sind.

SIEBEN STRATEGIEN FÜR BESSERE ENTSCHEIDUNGEN

IDENTIFIZIEREN SIE DIE
EIGENTLICHE ENTSCHEIDUNG

»Denken Sie immer daran: Ihr Fokus
bestimmt Ihre Realität«

George Lucas, Schöpfer und Regisseur
von Star Wars

Jede Entscheidung beginnt mit einem Problem, das wir durch unsere Entscheidung lösen möchten. Stellen Sie sich die folgende Situation vor: Seit Monaten sind Sie unmotiviert und gehen nicht gerne ins Büro. Aus diesem Problem ergibt sich die Entscheidungsfrage: *Soll ich meinen Job kündigen oder nicht?* Allerdings sollten wir uns am Anfang des Entscheidungsprozesses fragen, ob wir auch wirklich das richtige Problem lösen. Dieses gilt es zu identifizieren. Denn einer Entscheidung können viele verschiedene Probleme zugrunde liegen.

Wenn wir überlegen zu kündigen und unseren jetzigen Arbeitgeber zu verlassen, muss unser eigentliches

Problem nicht unbedingt das Unternehmen selbst sein. Vielleicht ist es auch der Chef, mit dem wir uns schon seit Langem immer wieder streiten. Um dieses Problem zu lösen, könnte es genügen, in eine andere Abteilung innerhalb unseres aktuellen Unternehmens zu wechseln, ohne unseren Arbeitgeber zu verlassen. Um eine gute Entscheidung treffen zu können, müssen wir also zunächst genau verstehen, welches Problem wir mit unserer Entscheidung eigentlich lösen möchten.

Stellen Sie sich vor, Ihr Unternehmen steht vor der wichtigen Entscheidung, einen seiner Unternehmensbereiche zu verkaufen. Dies könnte viele verschiedene Ursachen haben. Der Bereich ist möglicherweise nicht mehr profitabel, passt nicht mehr zur Strategie des Unternehmens oder die Firma möchte das Geld aus dem Verkauf in neues Wachstum in anderen Bereichen investieren. Es kann also eine Vielzahl von ganz verschiedenen Problemen sein, die wir mit unserer Entscheidung lösen möchten.

Um eine Entscheidung analysieren zu können, müssen wir uns das richtige Problem ansehen und uns auf dieses fokussieren. Tun wir dies nicht, laufen wir in die falsche Richtung und denken über völlig irrelevante Informationen nach.

Wenn unser Unternehmensbereich beispielsweise nicht mehr profitabel ist und wir diesen schnell loswerden möchten, werden wir logischerweise ganz anders an die Entscheidung herangehen, als wenn wir möglichst viel

Geld aus dem Verkauf erlösen möchten, um dieses in neue Geschäftsfelder zu investieren.

Anstatt unseren Entscheidungsprozess mit einer Analyse unseres eigentlichen Problems zu beginnen, tendieren wir dazu, uns mit den vordergründigen Symptomen unseres Problems und nicht mit den Problemen selbst zu beschäftigen.

Wenn wir über unsere Kündigung nachdenken, konzentrieren wir uns auf das naheliegende und offensichtlich erscheinende Problem, also das Unternehmen, anstatt das eigentliche Problem, also unseren Chef, als Ursache unseres Kündigungswunsches zu erkennen und entsprechend zu entscheiden. Wir denken also zu oft über das Symptom und nicht über die eigentliche Ursache unseres Problems nach.

In der Medizin sehen wir diesen Zusammenhang ganz intuitiv. Hier möchte man möglichst die Ursache der Symptome behandeln, also den eingeklemmten Nerv, der zu den Nackenschmerzen führt, und nicht nur den Schmerz kurzfristig durch Medikamente lindern. Ansonsten hat man das Problem nur kurz-, aber nicht langfristig gelöst. Wenn sich ein Arzt nur auf die Entscheidung zwischen zwei Schmerzmitteln konzentrieren würde, anstatt auch die Nerven zu untersuchen, hätte er voreilig und schlecht gehandelt. Diese Unterscheidung zwischen Symptom und Problem fällt uns bei alltäglichen oder geschäftlichen Problemen jedoch oft nicht so leicht.

FOKUS VERSUS PROBLEMANALYSE

Ein Hauptgrund hierfür ist unser limitierter Fokus, der verhindert, dass wir uns auf unsere eigentlichen Probleme konzentrieren und uns nicht mit den vordergründigen Entscheidungen aufhalten. Wir sind schlicht so konzentriert auf eine Sache, dass wir den Wald vor lauter Bäumen nicht mehr sehen.

Sie glauben mir nicht? Dann geben Sie doch einmal »Basketball Awareness Test« bei YouTube ein. Mit diesem Video hat die Stadt London für mehr Aufmerksamkeit im Straßenverkehr geworben. Mit großem Erfolg. Das Video wurde bei YouTube bereits mehr als 30 Millionen Mal angesehen.[36]

In dem Clip werden zwei verschiedene Basketball-teams gezeigt, eines davon ist weiß gekleidet, das andere schwarz. Nun soll der Zuschauer (also Sie, falls Sie das Video noch nicht angesehen haben) die Anzahl der Pässe zählen, die das weiße Team macht. Diese erfolgreich zu zählen ist relativ einfach. Viel wichtiger ist allerdings, was wir nicht sehen. Während die beiden Teams den Basketball hin und her passen, geht eine als Bär verkleidete Person in die Mitte des Bildes und tanzt den »Moonwalk« von Michael Jackson. Und das, ganz ohne dass wir diesen tanzenden Bären direkt vor unseren Augen bemerken.

Etwas so Besonderes und Ungewöhnliches müsste uns doch eigentlich sofort auffallen? Wir sind allerdings so mit dem Zählen der Pässe beschäftigt, dass wir es schlicht übersehen.

Und leider lernen wir nicht einmal aus unseren Fehlern. In einer zweiten Version des Videos geht eine Frau mit einem Regenschirm durch das Bild. Dies wird sogar von Teilnehmern übersehen, die das Video mit dem Bären schon einmal gesehen haben und wissen, dass es eigentlich nicht darum geht, die Pässe der Teams zu zählen. Sie suchen nun wieder nach dem Bären und übersehen dann die Frau mit dem Regenschirm. Dieses Beispiel zeigt: Wir fokussieren uns intuitiv zu sehr auf das vordergründige Problem und übersehen dabei das Wesentliche.

Wenn wir Entscheidungen treffen, ist der Bär aus dem Video, mit dem wir uns nicht beschäftigen, im übertragenen Sinn das eigentliche Problem. Vielmehr konzentrieren wir uns so sehr auf unser vermeintliches Entscheidungsproblem, dass wir die wichtige und eigentlich zentrale Fragestellung vor unseren Augen übersehen.

Der Harvard-Professor Max Bazerman beschreibt dieses Phänomen als unbewusste Unaufmerksamkeit. Diese Tendenz, wichtige Informationen zu übersehen, obwohl diese genau vor uns liegen, führt in vielen Fällen dazu, dass wir vorschnell Entscheidungen treffen oder schlicht in die falsche Richtung überlegen.[37] Hierbei lassen wir uns von falschen Erwartungen leiten, obwohl diese eigentlich keine Rolle spielen sollten. Ein Team von Wissenschaftlern der Harvard Medical School untersuchte beispielsweise den Prozess der Handgepäckkontrolle auf Flughäfen. Die

Studienteilnehmer sollten Gepäckstücke auf gefährliche Gegenstände hin überprüfen. Einer Gruppe sagte man, dass sie in circa 50 Prozent der Fälle einen gefährlichen Gegenstand finden würden, einer anderen Gruppe, dass dies nur in circa 1 Prozent der Fälle zutreffen würde. In der ersten Gruppe lag die Fehlerquote bei der Gepäckkontrolle nur bei 7 Prozent, in der zweiten Gruppe hingegen bei 30 Prozent.[38] Unsere Erwartung bestimmt also unsere Wahrnehmung und diese unseren Fokus.

Wenn wir Entscheidungen treffen, müssen wir also sicherstellen, dass unsere limitierte Wahrnehmung nicht dazu führt, dass wir unaufmerksam werden oder wichtige Argumente und Fakten übersehen. Andernfalls verlassen wir unser Unternehmen statt nur unseren Chef und treffen so eine schlechte Entscheidung.

ANGST VERHINDERT DEN BLICK
AUF DAS GANZE

Neben diesem mangelnden Blick aufs Wesentliche im Entscheidungsprozess spielen auch unsere Emotionen bei der Identifizierung der eigentlichen Entscheidung eine wichtige Rolle. Grundsätzlich helfen uns Emotionen dabei, Entscheidungen zu treffen und unsere Aufmerksamkeit auf das Wesentliche zu richten. Wenn wir Angst haben, richtet dies unsere Aufmerksamkeit zum Beispiel direkt auf eine bestimmte Gefahr, so dass wir schnell und effektiv reagieren können. Dies ist überlebenswichtig. Unser Körper und unser Geist werden durch die Emotion darauf vorbereitet, entweder zu fliehen oder zu kämpfen.[39]

Bei vielen Entscheidungen haben wir jedoch Angst oder verspüren Druck, ohne dass wir unmittelbar und schnell reagieren müssen. Wir müssen also nicht wie durch unsere Evolution angelegt kämpfen oder fliehen. Stattdessen haben wir Angst zu versagen, nicht schnell genug zu sein oder schlicht eine schlechte Entscheidung zu treffen. Dies hat besonders bei wichtigen Entscheidungen einen negativen Effekt auf unseren Fokus. Wir konzentrieren uns stark auf das vordergründige Problem und übersehen die eigentliche Entscheidung, wichtige Elemente oder deren Ursachen. Speziell wenn wir denken, dass viel davon abhängt, steigt unsere Angst, unsere Aufmerksamkeit wird eng und wir verlieren oft die Fähigkeit, in Ruhe im ersten Schritt die Entscheidung zu analysieren.

Unsere Psyche macht uns den Anfang unseres Entscheidungsprozesses also nicht leicht. Allerdings können wir unseren Fokus mit einfachen Mitteln verbessern und so unsere Aufmerksamkeit auf die eigentliche Entscheidung richten. Zwei einfache Methoden können uns hierbei helfen.

DENKEN SIE OFFEN ÜBER IHRE
ENTSCHEIDUNG NACH

Oft ist das Problem, auf das wir uns konzentrieren, nicht das eigentliche Problem. Vielleicht sind es die Prozesse oder das IT-System und nicht die Mitarbeiter, die für Fehler in der Auftragsbearbeitung verantwortlich sind? Vielleicht sind es nicht Ihre Kollegen, die bei Ihnen Stress hervorrufen, sondern der wenige Schlaf, den Sie letzte Nacht hatten?

Um die eigentlichen Probleme in solchen wichtigen Entscheidungssituationen zu identifizieren, hat der Führungscoach Peter Bregman eine einfache Frage entwickelt, die es Ihnen ermöglicht, offener über mögliche Problemursachen nachzudenken. In schwierigen Entscheidungssituationen fragt er sich: *»Wenn das Problem, das ich gerade lösen möchte, nicht das wahre Problem wäre, was könnte es sonst noch sein?«* Laut Bergman tendieren die meisten Menschen dazu, ausschließlich Lösungsmöglichkeiten für das scheinbare Problem zu entwickeln oder das jeweilige Symptom zu analysieren. Im Gegensatz dazu hilft sein Ansatz, den zu engen Blickwinkel zu weiten.[40]

Wenn Sie fitter werden wollen und einige Kilos verlieren möchten, könnte Ihre erste Idee sein, mehr Sport zu treiben und so mehr Kalorien zu verbrennen und ihren Stoffwechsel in Gang zu bringen. Vielleicht ist das wahre Problem aber nicht der Bewegungsmangel, sondern Ihre

Vorliebe für Schokolade. Die traurige Wahrheit ist die, dass 100 Gramm Schokolade ungefähr 45 Minuten Joggen oder einer Stunde Radfahren entsprechen. Ihre eigentliche Entscheidung wäre also, wie Sie es schaffen können, weniger Schokolade zu essen, und nicht, wie Sie es schaffen, mehr Sport zu treiben. Eine einfache Frage kann Ihnen dabei helfen, genau auf diese Idee zu kommen und Ihr Entscheidungsproblem deutlich breiter und offener zu durchdenken. Fragen Sie sich, was sonst noch das Problem sein könnte.

TRENNEN SIE SYMPTOME VON URSACHEN

Neben einem offeneren Nachdenken über die wahren Probleme, die Sie mit Ihrer Entscheidung lösen möchten, kann es helfen, die Symptome des Problems von den Ursachen zu trennen.

Hierfür können Sie die sogenannte »Root Cause«-Analyse anwenden. Diese Analyse ermöglicht es, die eigene Entscheidung zu strukturieren und deren einzelne Elemente umfassend zu durchdenken. So vermeidet man einen eindimensionalen Fokus auf die offensichtlich erscheinende Entscheidung, der die darunterliegenden Ursachen ausblendet.[41]

Bei der »Root Cause«-Analyse geht es darum, den eigentlichen Grund für ein beobachtbares Symptom zu identifizieren. Wenn Sie beispielsweise zu spät zu einem Meeting gekommen sind, kann der Grund hierfür sein, dass Sie zu spät von zu Hause losgefahren sind. Der Grund für Ihren späten Start wiederum kann sein, dass Sie verschlafen haben. Der Grund dafür ist die spannende Serie, die Sie am Vorabend auf Netflix geschaut haben und wegen der sie erst um Mitternacht ins Bett gegangen sind.

Wenn Sie diese Analyse durchgeführt haben, können Sie an jedem Punkt dieser Kette ansetzen, um Ihr Problem zu lösen und die richtige Entscheidung zu treffen.

WARUM? WARUM? WARUM?

Der einfachste Weg, um mittels der Root-Cause-Analyse Ihre eigentliche Entscheidung zu identifizieren, ist ein Ansatz, der auch von Amazon-Gründer Jeff Bezos gerne angewandt wird: Er fragt dreimal »warum?«. Diese ebenso einfache wie effektive Methode erlaubt es Ihnen, innerhalb weniger Minuten die wesentlichen Treiber und eigentlichen Gründe für Ihre Entscheidung zu identifizieren. Allerdings erfordert die Methode viel Offenheit. Denn vielleicht erscheint Ihnen die eigentliche Entscheidung viel schwerer als die Entscheidungssituation, mit der Sie gestartet sind. In den meisten Fällen ist die Entscheidungsfrage, die Sie mithilfe der drei »Warum?«-Fragen identifiziert haben, jedoch deutlich einfacher und spezifischer. Schließlich haben Sie die Entscheidung heruntergebrochen und somit strukturiert.

Mithilfe dieser Analyse hätten Sie auch Ihren Chef als Ursache für den Wunsch nach einem Jobwechsel identifiziert: Warum bin ich im Moment nicht zufrieden mit meinem Leben? Weil mein Job mich zu sehr stresst. Warum stresst mich mein Job? Wegen meines Chefs. Warum komme ich mit meinem Chef nicht zurecht? Weil er mir keine Freiheiten lässt und einen autokratischen Führungsstil hat. Diese Methode hilft also schnell und einfach dabei, Ihr eigentliches Problem zu identifizieren.

Ein ganz ähnlicher Ansatz wird auch von Elon Musk, dem Gründer von Tesla und Space X, verfolgt. Auch er versucht, bei Entscheidungen immer von der Ursache her zu denken, um auf die wesentlichen Einflussfaktoren eingehen zu können. Diese sogenannte »First Principles«-Methode zielt darauf ab, das vorliegende Problem auf die fundamentalste Ebene herunterzubrechen, um dann hierauf basierend eine Lösung entwickeln zu können. Als Elon Musk und sein Team damit begannen, kommerzielle Raketen für seine Firma Space X zu entwickeln, mussten sie wichtige Entscheidungen im Hinblick auf die Produktionskosten treffen. Aber anstatt sich einfach an anderen vergleichbaren Raketenprojekten zu orientieren, analysierte das Team die tatsächlich für den Bau notwendigen Teile und deren Material- und Herstellkosten. Sie gingen also der Ursache für die Kosten auf den Grund und trafen schließlich eine gute Entscheidung hinsichtlich der Produktions- und Materialplanung da sie wussten, welches die eigentlichen Probleme waren, die das Team lösen musste. Das Ergebnis spricht für sich. Die Kosten einer Space-X-Rakete liegen bei circa 2 Prozent der ursprünglichen Rakete.[42]

Beide Methoden haben ein Ziel gemeinsam, welches auch Ihnen helfen kann, bessere Entscheidungen zu treffen: Sie abstrahieren die Entscheidung von den augenscheinlichen Symptomen eines Problems und analysieren, welches die eigentliche Entscheidung ist, die getroffen werden muss. Erst wenn dies sichergestellt ist, können Sie sich sicher sein, über das richtige und für Sie relevante Problem nachzudenken.

Wie stellt sich diese Frage für Paul? Die 50 000 Euro Verlust in Polen treiben ihn um. *Wie kann dieser Verlust verringert werden? Können wir vielleicht sogar einen Gewinn machen?* Paul weiß, dass diese vordergründige Entscheidung nicht das eigentliche Problem seines Start-ups ist. Daher fragt er sich, was außer dem Verlust selbst das maßgebliche Problem ist, das er mit seiner Entscheidung lösen muss.

Was könnte noch das Problem sein? Vielleicht ist es das mangelnde Know-how über den Markt? Vielleicht fehlen Ressourcen? Vielleicht muss man die Strategie ändern und fokussierter agieren? Schließlich orientiert sich Paul an Jeff Bezos und fragt dreimal »warum?«, um das Problem genau zu identifizieren.

Er fragt sich: *Warum machen wir seit zwei Jahren Verluste in Polen? Weil wir zu wenig Budget haben, um unsere Marke in Polen bekannt zu machen.*

Warum haben wir zu wenig Budget in Polen? Weil innerhalb des Unternehmens intensiv um das Budget zwischen Deutschland und Polen gestritten wird.

Warum wird intensiv um das Budget gestritten? Weil beide Märkte möglichst viel Budget benötigen, um die Wachstumsziele der Strategie zu erreichen.

Das Budget scheint also die Ursache zu sein. Damit hat Paul die eigentliche Entscheidungsfrage identifiziert, über die er nachdenken muss: Ist das Wachstum seines Unternehmens in Polen wichtiger als das Wachstum in Deutschland?

Takeaway

Ihre Schritte zur eigentlichen Entscheidung:
> Nehmen Sie sich 30 Minuten Zeit, in der Sie nicht gestört werden.
> Schreiben Sie Ihr Entscheidungsproblem auf ein weißes Blatt Papier.
> Fragen Sie sich: »Was könnte noch das Problem sein?«, oder fragen Sie dreimal »warum?«.

Ihre Fragen, die Sie zur eigentlichen Entscheidung führen:
> Warum?
> Warum?
> Warum?

FRAGEN SIE DIE RICHTIGEN LEUTE UM RAT

»Die einzige Quelle für Weisheit ist Erfahrung.«
Albert Einstein

Wenn wir nach Rat fragen, dann meist bei unseren Freunden oder unserer Familie. Prinzipiell ist hieran nichts auszusetzen. Bei wichtigen Entscheidungen sollten wir jedoch genau darüber nachdenken, wen wir um Rat fragen. Viele Ratgeber haben eigene Interessen, die uns bewusst sein sollten. Wenn wir unsere Freunde fragen, ob wir den neuen Job in einer weit entfernten Stadt annehmen sollen, können diese nicht sehr objektiv sein. Sie möchten uns selbstverständlich in der Nähe halten, um auch weiterhin viel Zeit mit uns zu verbringen. Bei dieser Entscheidung erhalten wir also wahrscheinlich keinen unabhängigen Rat von ihnen.

Außerdem laufen wir Gefahr, uns nur an der aktuellen Mehrheitsmeinung zu orientieren, wenn wir nach Rat fragen. Wenn beispielsweise scheinbar alle Menschen zwischen 30 und 40 in Großstädten eine Immobilie kaufen, ist dies ein Trend. Viele werden davon geprägt und orientieren sich in ihrer Entscheidungsfindung daran. Dieses gängige Vorgehen muss aber für Sie und Ihre Entscheidung nicht relevant sein. Vielleicht mögen Sie das Land und nicht die Stadt oder schätzen die Flexibilität, die Sie durch das Mieten einer Wohnung behalten. Kurzum: Wenn wir nach Rat fragen, ohne uns vorher genau zu überlegen, wer ein guter Ratgeber sein könnte, laufen wir Gefahr, uns an Trends zu orientieren oder von den Interessen unserer Ratgeber beeinflusst zu werden.

Viel besser ist es hingegen, einen Menschen als Ratgeber zu suchen, der genau das gleiche Problem, vor dem wir gerade stehen, schon einmal gelöst hat. Von ihm können wir lernen, er war schon einmal in der gleichen Situation, sein Rat kann unsere Entscheidung deutlich verbessern. Wenn unser Ratgeber darüber hinaus keine eigenen Interessen mit seinem Rat verfolgt, ist er oder sie unser perfekter Ratgeber, der uns bei unserer wichtigen Entscheidung unterstützen kann.

WARUM WIR UNS GERNE
VON DER MEHRHEITSMEINUNG
LEITEN LASSEN

Was die Mehrheit denkt, scheint richtig zu sein. In den meisten Fällen ist dies eine gute Faustregel. Schließlich haben viele Menschen über das gleiche Problem nachgedacht und sind zu den gleichen Schlussfolgerungen gelangt. Genau so entsteht eine gängige Meinung, die viele teilen.

Allerdings kann diese Faustregel auch zu Fehlentscheidungen führen. Denn am Ende ist das Entscheiden individuell. Daher kann die gängige Meinung uns möglicherweise in die falsche Richtung lenken.

Viele Menschen sehen das Gründen eines eigenen Unternehmens beispielsweise als großes Risiko und würden sich daher niemals dafür entscheiden, Unternehmer zu werden. Das ist auch sehr nachvollziehbar. Denn viele neue Unternehmen scheitern bereits im ersten Jahr nach der Gründung. Würden sich alle Gründer jedoch an dieser gängigen Sichtweise orientieren, gäbe es keine neuen Unternehmen. Eine abweichende Entscheidung zu treffen und trotz des Risikos ein Unternehmen zu gründen kann jedoch eine sehr gute Entscheidung sein. Schließlich gibt es auch viele Erfolgsgeschichten von neu gegründeten Unternehmen, ob ein mittlerweile börsennotiertes Unternehmen wie Trivago oder in einem kleineren Maßstab das neue Dim-Sum-Restaurant um die Ecke, das sich am Markt behauptet und erfolgreich ist.

Es kommt also darauf an, die richtigen Menschen um Rat zu fragen. Hierbei sind insbesondere solche Ratgeber hilfreich, die uns und unsere Bedürfnisse verstehen und eine ähnliche Entscheidung wie die, vor der wir stehen, schon einmal getroffen haben. Also sollte man in Bezug auf die eigene Gründungsentscheidung einen Unternehmer fragen und nicht den eigenen Bruder oder den besten Freund, der keine Risiken mag und bis zur Rente Angestellter sein wird. Genau das tun wir jedoch viel zu selten. Eher das Gegenteil ist der Fall.

DER MITLÄUFEREFFEKT
UND SEINE FOLGEN

Die psychologische Forschung hat gezeigt, dass wir uns bei Entscheidungen sehr stark von der gängigen Meinung leiten lassen, auch wenn dies für unsere Entscheidung am Ende nicht hilfreich ist. Eine Meinung wird von einem Entscheider eher akzeptiert, wenn auch eine große Anzahl anderer Menschen diese Meinung bereits akzeptiert hat. Dieses Phänomen zeigt sich in vielen Bereichen. Es ist der Mitläufereffekt.[43]

Wenn wir beispielsweise viel Zeit mit Menschen verbringen, die viel Sport treiben und sich gesund ernähren, werden wir dies zum Beispiel nehmen und unser Verhalten ändern. Leider ist auch das Gegenteil der Fall und wir übernehmen die ungesunden Verhaltensweisen anderer, wenn wir viel Zeit mit ihnen verbringen. Wir essen ungesünder und trinken mehr Alkohol, wenn dies die Menschen in unserem Umfeld auch tun. Der Grund hierfür ist einfach: Da wir das jeweilige Verhalten oft sehen, denken wir, es sei »normal«, und orientieren uns automatisch daran. Ähnliches gilt auch für Modetrends. Auch hier orientieren wir uns als Kunden oft an dem, was andere tragen. Bei Entscheidungen orientieren wir uns somit nicht an dem, was *für uns* wichtig ist, sondern an dem, was *andere* wichtig finden. Somit bekommen wir alles, nur keinen Rat, der auf unsere Bedürfnisse zugeschnitten ist.

Der Mitläufereffekt wirkt sich auch auf so wichtige Entscheidungen wie Wahlen aus. Hier spielen insbesondere Meinungsumfragen eine wichtige Rolle. In einer Studie der University of Copenhagen wurden rund 3 000 dänische Wähler zunächst in verschiedene Gruppen aufgeteilt. Eine von ihnen erhielt dann einen fiktiven Zeitungsartikel mit den Ergebnissen einer Meinungsumfrage, in der die sozialdemokratische Partei deutliche Stimmenzuwächse verzeichnen konnte. In einer anderen Gruppe erhielten die Teilnehmer einen Artikel, in dem die Umfrage genau das gegenteilige Ergebnis zeigte, also einen massiven Stimmenverlust der sozialdemokratischen Partei. Im nächsten Schritt wurden die Teilnehmer dann gefragt, für welche Partei sie stimmen würden, wenn heute Wahl wäre. Tatsächlich hatten die Umfrageergebnisse eine deutliche Wirkung auf das Wahlverhalten. Je nachdem, ob diese einen Stimmenzuwachs oder Stimmenverlust gezeigt hatten, wurde auch das tatsächliche Wahlverhalten beeinflusst. In den jeweiligen Gruppen schnitten die Sozialdemokraten jeweils deutlich besser oder deutlich schlechter ab.[44] Ähnliche Studien zeigen einen identischen Effekt von Umfragen auf das Wahlergebnis auch bei realen Wahlen, wie beispielsweise in England[45] oder bei den Vorwahlen in den USA.[46]

Genau wie bei unseren persönlichen Entscheidungen lassen wir uns also auch bei Wahlen von der gängigen Meinung leiten. Wir wollen richtig liegen und orientieren uns daher an den Umfragen, ohne wirklich unsere eigene Meinung zu reflektieren. Sich an der Meinung anderer zu orientieren, nur weil diese anscheinend viele teilen, kann also durchaus das Risiko mit sich bringen, eine Entscheidung zu treffen, die nicht die eigenen Interessen widerspiegelt, und das, ohne dass wir es merken.

Auch wenn wir für unsere Entscheidungen nach Ratgebern suchen, werden wir vom Mitläufereffekt beeinflusst. Wir orientieren uns an der gängigen Meinung und fragen Menschen um Rat, die diese Meinung vertreten. Wenn wir nach einem Ratgeber für unsere Entscheidung suchen, sollten wir uns dieser Tendenz bewusst sein und gegebenenfalls einen anderen Rat einholen.

Auch in kleineren Gruppen lassen wir uns sehr schnell von der Meinung anderer beeinflussen. Hier werden andere oder kritische Meinungen oft nicht geäußert, um die Harmonie in der Gruppe nicht zu trüben. Dies ist besonders in Teams der Fall, in denen sich die einzelnen Mitglieder sehr ähnlich sind. Dieses verzerrte Denken in Gruppen kann verheerende Folgen in Entscheidungsprozessen haben.[47]

Die Explosion des Spaceshuttles »Challenger«, bei dem die gesamte Crew ums Leben kam, wurde laut dem offiziellen Untersuchungsbericht maßgeblich auch durch den Entscheidungsprozess vor dem Start der Raumfähre verursacht. Die direkte Ursache für die Explosion war zwar ein defekter Dichtungsring, durch den Gas austreten konnte, welches schließlich zu der Katastrophe führte. Allerdings waren die Probleme mit dem Dichtungsring schon von vorherigen Missionen bekannt. Man wusste, dass diese bei niedrigen Temperaturen besonders anfällig für Fehler waren. Die niedrigen Temperaturen am Tag des Starts der »Challenger« hätten also ein Warnzeichen sein müssen. Dieses wurde auch von vielen Teammitgliedern erkannt. Allerdings wurden diese Bedenken übergangen. Sie entsprachen nicht der gängigen Gruppenmeinung.[48] Gute Ratschläge wurden also nicht berücksichtigt, weil sich das Team zu sehr auf die dominante Meinung in der Gruppe verließ.

Auch wenn wir Rat bei unseren Freunden, unseren Kollegen oder unserer Familie suchen, kann das Gruppendenken eine wichtige Rolle spielen. Diese Menschen kennen uns gut, haben oft ähnliche Ansichten und man ist sich sehr vertraut. Harmonie ist in einer solchen

Gruppe ganz besonders wichtig, und es ist oft schwer, eine kritische Meinung zu äußern, da man hiermit das Risiko eingeht, nicht nur die Stimmung kurzfristig zu zerstören, sondern vielleicht sogar sein Ansehen in der Gruppe nachhaltig zu beschädigen. Daher wird auch der Rat, den man von Familie und Freunden erhält, wahrscheinlich der sein, der sich an der gängigen Meinung orientiert.

Dies ist nicht absichtlich schlecht oder von unseren Ratgebern gar böse gemeint. Man sollte sich nur der Tatsache bewusst sein, dass die Bedeutung der Gruppenharmonie in solchen Situationen dazu führen kann, weniger kritische, sondern vielmehr allgemein vertretbare Ratschläge zu erhalten. Diese Ratschläge kennen wir aber in der Regel bereits. Um diese gängigen Sichtweisen zu erfahren, brauchen wir in den meisten Fällen keinen Rat.

Wir sollten uns daher nicht ausschließlich auf Familie und Freunde oder die Mehrheitsmeinung als Ratgeber verlassen, sondern jemanden aussuchen, der sich auf unsere spezifische Situation einstellen kann.

Einen solchen Ratgeber zu finden ist in der Regel nicht so schwer, wie es jetzt erscheinen mag. Denn wir sind mit unserer Entscheidung nicht so allein, wie wir annehmen. Viele Menschen haben ähnliche Entscheidungen bereits getroffen. Sie sind genau die Ratgeber, die wir suchen.

WER AUSSER MIR STEHT
VOR DEM GLEICHEN PROBLEM?

Wir sollten uns fragen, wessen Expertise und Erfahrungen neue Sichtweisen auf die Entscheidung vermitteln und wessen Erkenntnisse am besten zu der spezifischen Situation passen, mit der wir uns gerade beschäftigen.[49]

In ihrem Buch *Decisive* beschreiben die Autoren Chip und Dan Heath, beide Professoren an der Stanford Graduate School of Business und der Duke University, wie der berühmte Gründer des Einzelhandelsgiganten Wal-Mart genau diese Methode angewendet hat. Sam Walton hat sich insbesondere in der Gründungszeit seines Unternehmens immer stark von seinen Wettbewerbern inspirieren lassen. Er stellte sich die Frage: »*Wer außer mir steht vor dem gleichen Problem wie ich, und was kann ich von ihm lernen?*« Er suchte sich also seine Ratgeber in anderen Unternehmen, die er detailliert beobachtete und studierte. Vor allem die Verbesserung des Kundenservices und die Reduzierung der Kosten waren für ihn wichtig. Eines Tages entdeckte er in einem Einzelhandelsladen im US-Bundesstaat Minnesota eine zentrale Kasse für alle Bereiche des Kaufhauses. Etwas, das für uns heute selbstverständlich ist. Man bezahlt, wenn man den Laden verlässt. In Walton's Läden musste man damals jedoch noch in jeder einzelnen Abteilung gesondert bezahlen. Durch die Übertragung des Konzepts zur Lösung seines

Service-Problems konnte Walton den Kunden ein besseres Einkaufserlebnis bieten und gleichzeitig Kosten einsparen.[50]

Wir können jedoch nicht nur durch Beobachten lernen. Noch einfacher ist es in der Regel, jemanden nach seinem Rat zu fragen, der uns durch seine Erlebnisse und Erfahrungen in ähnlichen Situationen helfen und so wichtige Hinweise für unsere Entscheidung geben kann. Um einen solchen Ratgeber zu finden, sollte man sich genau fragen, in welchem Bereich man einen Rat benötigt. Danach kann man sich überlegen, wer von den Freunden oder Bekannten in den letzten drei Jahren eine ähnliche Situation gemeistert hat. Erinnern Sie sich an Gespräche oder das, was Ihnen vielleicht von anderen berichtet wurde.

Wenn Sie überlegen, einen MBA zu machen, um sich beruflich weiterzubilden, identifizieren Sie die Menschen in Ihrem Umfeld, die ein solches Studium bereits erfolgreich absolviert haben. Wie sind sie an die Entscheidung herangegangen? Welche Fragen haben sie sich gestellt? Wie haben sie die Universitäten ausgewählt? Hatte das Studium den gewünschten Effekt? Was war eventuell nicht so wie erwartet? Würden sie die gleiche Entscheidung noch einmal treffen? Auf Basis solcher oder ähnlicher Fragen können Sie eine viel bessere Informationsbasis für Ihre Entscheidung bekommen als durch ein Gespräch mit einem Freund, der zwar helfen will und Sie unterstützen möchte, aber über MBAs nur weiß, dass eine

Weiterbildung sicher sinnvoll ist, um die Chancen auf die berufliche Weiterentwicklung zu steigern.

Wenn Sie in Ihrem Umfeld niemanden haben, der eine ähnliche Situation schon einmal erfolgreich gemeistert hat, fragen Sie Ihre Freunde, ob sie jemanden kennen, der vor einem ähnlichen Problem stand oder, um bei unserem Beispiel zu bleiben, in letzter Zeit einen MBA gemacht hat. Schließlich ist die Welt klein und in unserem indirekten Netzwerk gibt es viele Menschen, die uns mit ihrer Erfahrung helfen können. Wenn sich jemand gefunden hat, bitten Sie doch einfach Ihren Freund, Sie beide einander vorzustellen. Sowohl Ihr Freund als auch Ihr potentieller Ratgeber werden mehr als glücklich darüber sein, Ihnen bei Ihrer schwierigen Entscheidung helfen zu können.

Ein weiterer Vorteil von Ratgebern, die nicht aus unserem unmittelbaren Umfeld oder Freundeskreis stammen, ist, dass diese in der Regel weniger voreingenommen sind und nicht unbedingt auch eigene Interessen mit ihrem Rat verfolgen, was bei engen Freunden durchaus der Fall sein kann, ob bewusst oder unterbewusst. Außerdem haben unsere Freunde in der Regel ähnliche Ansichten wie wir selbst, so dass sie unseren Blick auf die Entscheidung nicht unbedingt erweitern. Fragen Sie sich also zur Sicherheit auch immer :»*Welche Interessen hat mein Ratgeber?*«, wenn Sie Informationen und Ratschläge bewerten und in Ihre Entscheidung einfließen lassen.

Um für unsere Entscheidung guten Rat zu bekommen,

bleibt uns nur noch eine letzte Hürde, die wir überwinden müssen: unser eigenes Ego. Denn in vielen Fällen denken wir, dass wir inkompetent wirken, wenn wir Rat suchen oder um Hilfe bei der Entscheidung bitten. Das Gegenteil ist jedoch der Fall. Eine Studie von Wissenschaftlern um die Harvard-Professorin Francesca Gino hat gezeigt, dass wir Menschen, die sich in Entscheidungssituationen Ratgeber suchen, als deutlich kompetenter ansehen als solche, die das nicht tun.[51] Gehen Sie also ruhig ohne Angst auf Menschen zu und fragen Sie diese um Rat. Sie werden es als großes Kompliment ansehen und Ihnen gerne helfen.

Paul hat intensiv darüber nachgedacht, wen er wegen seiner Entscheidung um Rat fragen kann. Ein alter Studienfreund arbeitet als Unternehmensberater. Zwar hat Paul lange nichts mehr von ihm gehört, ein gemeinsamer Freund konnte ihm jedoch schnell einen Kontakt herstellen. Paul ist sich sicher, dass er von seinem Studienfreund einen guten Rat bekommen wird. Der ist nicht befangen, kennt Pauls persönliche Ziele nicht und hat auch mit den Konkurrenten von Pauls Firma keine Geschäftsbeziehung, die einen Interessenkonflikt darstellen könnte. Durch sein tiefes Wissen über das Wachstum von Start-ups und seine internationale Erfahrung ist er also ein idealer Ratgeber für Paul.

In dem gemeinsamen Telefonat bestätigt er nach einiger Diskussion Pauls These. Auch aus seiner Sicht werden die finanziellen Ressourcen und die Anzahl der Mitarbeiter in Polen nicht ausreichen, um die Marke der Firma dort bekannt zu machen und einen nachhaltigen Absatz im polnischen Markt zu erzielen. Und eine Aufstockung dieser Ressourcen in Polen scheint mit den aktuellen Investoren nicht möglich. Für Paul lässt das nur eine Schlussfolgerung zu: Sein Unternehmen muss sich aus Polen zurückziehen.

Takeaway

Ihre Schritte, um die richtigen Leute um Rat zu fragen:

> Versuchen Sie sich der Tatsache bewusst zu werden, dass die Mehrheitsmeinung nicht unbedingt auf Ihre Entscheidung zutreffen muss.

> Vermeiden Sie es, sich ausschließlich auf den Rat von Freunden zu verlassen, die eine ähnliche Entscheidung noch nie getroffen haben.

> Lernen Sie aus den Erfahrungen von anderen. Suchen Sie entweder direkt den Rat von Menschen, die ein ähnliches Problem bereits gelöst haben, oder orientieren Sie sich an deren Entscheidungen in vergleichbaren Situationen.

Ihre Fragen, um die richtigen Leute um Rat zu fragen:
> Habe ich bewusst über meine Ratgeber nachgedacht oder die bequeme Variante gewählt und direkt meine Freunde und Familie gefragt?
> Wer hat ein ähnliches Problem und was kann ich von ihm lernen?
> Wer hat eine ähnliche Entscheidung bereits erfolgreich getroffen?

3.

FINDEN SIE EINEN KRITIKER
UND VERSUCHEN SIE IHN
ZU VERSTEHEN

»Wenn zwei Menschen unterschiedliche
Sichtweisen haben, ist die Chance hoch, dass
einer von ihnen falsch liegt. Es ist deshalb
sinnvoll, herauszufinden, ob Sie das sind.«

Ray Dalio, Multimilliardär

In einer Entscheidungssituation nehmen wir unsere Umwelt verstärkt selektiv wahr und vermeiden bewusst oder unbewusst Sichtweisen, die unseren Blick auf die Situation in Frage stellen könnten. Dies führt dazu, dass wir wichtige Gegenargumente ignorieren und unsere eigene Meinung durch den Rat anderer lediglich bestätigen lassen. Stellen Sie sich vor, Sie träumen schon lange von einem Sportwagen. Jetzt möchten Sie sich den Wunsch erfüllen. Mit wem würden Sie diese Entscheidung diskutieren? Wahrscheinlich am ehesten mit den Menschen, die Ihnen wohlgesinnt sind und ihr Bestes wollen. Und sich mit Ihnen freuen, wenn Sie sich einen Wunsch erfüllen. So kreieren wir für uns Sicherheit und eine Bestätigung in der eigenen Sichtweise auf die Frage »Sportwagen ja oder nein.« Kritische Stimmen, die beispielsweise die CO_2-Bilanz eines Roadsters in Frage stellen, versuchen wir zu vermeiden. Diese würden nur stören und uns von dem Traum ablenken, den wir uns schon so oft vor unserem geistigen Auge vorgestellt haben. Nach dem Kauf allerdings kann es durchaus vorkommen, dass wir uns wünschten, stärker auf kritische Stimmen gehört zu haben. Denn das neue Auto nutzen wir nicht annähernd so häufig, wie wir uns dies vorgestellt haben. Die Rate für den Kredit jedoch zahlen wir weiterhin jeden Monat. Hätten wir schon vor dem Kauf Kenntnisse über Vor- *und* Nachteile gehabt, hätten wir diese Entscheidung womöglich anders – und damit besser getroffen. Doch an Informationen, die unseren Traum in Frage stellen, gelangen wir in der Regel nur, wenn wir ganz bewusst auch kritische Stimmen und Gegenargumente in unseren Entscheidungsprozess mit einfließen lassen.

DER BESTÄTIGUNGSFEHLER:
WARUM UNS NEUE INFORMATIONEN
OFT NICHT HELFEN

Wir alle hängen an unserer Meinung. Schließlich haben wir bereits intensiv über das jeweilige Thema nachgedacht, uns umfassend informiert und dann alle Argumente sorgsam abgewogen. Zumindest glauben wir das. Leider sind wir in Wahrheit weit weniger objektiv und unvoreingenommen, als wir glauben. Vor allem die Art und Weise, wie wir nach Informationen suchen und sie bewerten, ist oft durch unterbewusste Entscheidungsverzerrungen gestört. Das bedeutet: Neue Informationen interpretieren wir gerne so, dass sie unseren bestehenden Ansichten entsprechen und diese bestätigen. Uns unterläuft ein Bestätigungsfehler, wie die Kognitive Psychologie dieses Phänomen nennt.

Ein Beispiel: In einer Studie der Stanford University in Kalifornien wurden Teilnehmer nach ihrer Einstellung zur Todesstrafe befragt und in zwei Gruppen unterteilt. Die erste Gruppe bündelte Befürworter der Todesstrafe, die zweite Gruppe bestand ausschließlich aus Menschen, die sie ablehnten. Die Wissenschaftler boten beiden Gruppen identische Informationen an, die ein ausgewogenes Bild von Pro- und Kontra-Argumenten und -Statistiken ergaben. Nachdem alle Teilnehmer die Informationen studiert hatten, wurden sie erneut zu ihrer Meinung befragt. Das Ergebnis: Kein einziger Studienteilnehmer hatte seine Meinung geändert. Vielmehr war das Gegenteil der Fall. Die Teilnehmer, die schon zu Beginn des Experiments von der Todesstrafe überzeugt waren, waren dies nun umso stärker. Auch die Gegner fühlten sich in ihrer Ansicht bestärkt. Wie sich herausstellte, gab es dafür einen einfachen Grund: Die Teilnehmer hatten nur jene Informationen berücksichtigt, die zu ihrer Meinung passten oder ihr Weltbild bestätigten. Die Gegenargumente ignorierten sie vollständig.[52]

Der Bestätigungsfehler führt in Entscheidungssituationen dazu, dass wir ausschließlich die Informationen wahrnehmen, die uns in unserer Meinung bestärken. Mit schwerwiegenden Folgen: Wir beziehen andere Sichtweisen nicht ausreichend in unsere Entscheidungsprozesse ein und laufen Gefahr, wichtige Argumente und neue Ideen außer Acht zu lassen.

WIR UMGEBEN UNS AM LIEBSTEN MIT MENSCHEN, DIE SIND WIE WIR

Fatalerweise wird unsere Neigung, neue Informationen zu übersehen oder gar zu ignorieren durch unsere Umgebung meist noch zusätzlich verstärkt. Denn sowohl im beruflichen Umfeld als auch im Privatleben umgeben wir uns am liebsten mit Menschen, die uns ähnlich sind und unsere Meinungen und Sichtweisen teilen. Wir arbeiten bevorzugt in Teams mit Kollegen, mit denen wir vieles gemeinsam haben. Und zwar nicht nur im Hinblick auf ihre Sichtweisen, sondern auch im Hinblick auf ihre Ausbildung, ihre Herkunft, ihre Hautfarbe oder den favorisierten Fußballverein.

Tatsächlich zeigen viele Studien, dass Mitarbeiter-Teams in Unternehmen sehr homogen sind. Als Beleg für fehlende Vielfalt am Arbeitsplatz mag auch gelten, dass der Frauenanteil in Führungspositionen in Deutschland trotz der Vielzahl von Förderprogrammen immer noch bei nur 22,5 Prozent dümpelt.[53] Eine Ursache ist in den Bewerbungs- und Auswahlverfahren von Unternehmen zu finden: Führungskräfte stellen unterbewusst eher Kandidaten ein, die sie an sich selbst erinnern. So beeinflusst der Bestätigungsfehler auch die Zusammensetzung von Teams, verfestigt Denkweisen und verhindert einen kontroversen Gedankenaustausch in Teams und Unternehmen. Dies schränkt nicht nur die Kreativität bei der Entwicklung neuer Lösungen ein: Es betoniert eingefahrene Denkweisen noch zusätzlich.[54]

Das gleiche Phänomen finden wir auch in unserem Privatleben. Online-Partnervermittlungen erleben seit einigen Jahren einen Boom. Immer mehr Menschen suchen einen Lebenspartner im Internet. Wenn wir jedoch anhand der wenigen Kriterien, die wir in den Profilen der möglichen zukünftigen Partner finden, eine Entscheidung treffen, leitet uns der Bestätigungsfehler. Wenn jemand angibt, Musik zu mögen, dann gehen wir unbewusst davon aus, dass er oder sie ähnliche Musik mag wie wir selbst. Wenn jemand Reisen mag, dann natürlich auch – wie wir –, nach Skandinavien. Weil wir unsere positive Meinung bestätigen wollen, wählen wir immer die bestmögliche Ausprägung der einzelnen Kriterien und verfrachten unser Gegenüber in die beste aller uns vorstellbaren Welten. So ist eine Enttäuschung in der Regel vorprogrammiert, wenn wir unser Date dann tatsächlich treffen.

WIR LEBEN IN EINER
INFORMATIONSBLASE

Wir wissen, dass Social Media das Problem noch vergrößert. Im Schnitt nutzen wir in Deutschland soziale Netzwerke zwei Stunden und 19 Minuten pro Tag.[55] Für viele Menschen hat Social Media Zeitungen oder das Fernsehen als primäre Quelle für Nachrichten und Informationen verdrängt. Das birgt große Gefahren, wenn es darum geht, sich ein differenziertes Bild über ein Thema zu machen. In sozialen Netzwerken befinden wir uns in Informationsblasen, in denen wir nur solche Bilder und Ausschnitte der Welt um uns herum zu sehen bekommen, die wir persönlich mögen, die uns interessieren – oder die unseren Freunden gefallen. Jeder Newsfeed wird auf Basis von Algorithmen erzeugt. Und die bevorzugen Inhalte, die unseren Interessen und Vorlieben entsprechen, die von Autoren oder Quellen stammen, die wir irgendwann einmal geliked haben, oder die von Freunden geteilt und gemocht werden. Das Gleiche gilt für die Ergebnisse von Suchmaschinen, die Suchergebnisse anhand früherer Suchen oder des Standorts des Nutzers ordnen. Die Resultate unserer Informationsbeschaffung sind also sowohl in sozialen Netzwerken als auch bei Suchanfragen automatisch vorgefiltert. Das scheint jedoch nur wenigen Nutzern klar zu sein. Eine Studie der University of Illinois zeigte etwa, dass 60 Prozent der befragten Social-Media-Nutzer nicht bewusst war, dass die Inhalte, die sie auf den Bildschirm ihrer Rechner und Smartphones bekommen, auf Basis eines Filteralgorithmus erzeugt wurden.[56]

Der US-Präsidentschaftswahlkampf und das BREXIT-Referendum im Jahr 2016 haben gezeigt, dass dies zu einer gefährlichen Polarisierung der politischen Diskussion führt. Anstatt wirklich miteinander zu diskutieren und das Für und Wider gründlich gegeneinander abzuwägen, ließ man Google, Facebook & Co. vorselektieren, um so lediglich die eigenen Argumente oder Sichtweisen zu bestätigen. Kein Wunder also, dass derlei Internet-Nutzung zu blinden Flecken in unserer Wahrnehmung führt. Was den allermeisten Menschen zur informierten Meinungsbildung fehlt, ist die Auseinandersetzung mit unterschiedlichen Haltungen und Erkenntnissen. Die Crux dabei ist mittlerweile jedoch, dass sie derlei Informationen dank der Filteralgorithmen selbst dann kaum mehr finden würden, wenn sie danach suchen.

Eine umfassende Informationsbasis ist für das Treffen guter Entscheidungen jedoch unerlässlich. Nur wenn wir sorgfältig verschiedene Argumente und Sichtweisen berücksichtigt haben, nur indem wir uns auch den unangenehmen Wahrheiten stellen, die wir gerne aus unserem Denkprozess ausblenden würden, können wir schlechte Entscheidungen vermeiden.

Der Informationsblase in sozialen Netzwerken und in Suchmaschinen können wir jedoch einfach entgehen. Entweder wir versuchen wieder verstärkt, für Nachrichten zu bezahlen und unsere Informationen aus Tages- oder Wochenzeitungen zu beziehen, oder wir schauen uns bewusst verschiedene Nachrichtenseiten online an, die verschiedene Sichtweisen vorstellen und unsere Informationsbasis verbreitern – möglichst zusätzlich auch fremdsprachige wie die *New York Times* oder *China Daily*.

KRITIK ALS NÜTZLICH BETRACHTEN – UND NICHT PERSÖNLICH NEHMEN

Neben diesen Faktoren steht uns oft auch unser eigenes Ego im Weg. Unser Ego hat in der Regel etwas dagegen, dass wir aktiv nach Gesprächspartnern mit anderen Sichtweisen suchen. Besser gefällt es uns, wenn unser Gegenüber unsere Meinung teilt und keine Kritik äußert.

Denn mit Kritik können wir in der Regel nicht gut umgehen. Viele kennen das aus dem Job. Bei jedem Feedbackgespräch, auch wenn es sehr positiv ist, wird die Kritik im Gedächtnis bleiben, sei sie auch noch so marginal. Oft denken wir noch Tage über diesen einen Punkt nach, anstatt uns über die anderen zehn sehr positiven Aspekte des Feedbacks zu freuen. Dass dies so ist, liegt an einem Trugschluss: Wir deuten abweichende Meinungen und Ansichten als persönlichen Angriff – und nicht als das, was sie sind: andere Sichtweisen, die uns helfen können, unsere Weltsicht zu vervollkommnen und unser Verhalten der Realität anzupassen.

Zum Glück gibt es eine einfache und schnelle Methode, diese selektive Wahrnehmung aufzubrechen.

DIE SELEKTIVE WAHRNEHMUNG
AUFBRECHEN

Um sicherzustellen, dass sich die uns umgebende vorgefilterte Informationslandschaft nicht negativ auf unseren Entscheidungsprozess auswirkt, sollten wir bewusst auf Kritiker zugehen und uns auf eine Diskussion mit ihnen einlassen. Diese Lösung scheint einfach. Theoretisch. In der Praxis lässt sie sich jedoch oft nur schwer umsetzen, denn sie ist für uns und unsere Selbstwahrnehmung unangenehm. Bisweilen ruft sie sogar Angst oder Scham hervor.

Dennoch: Wenn wir wichtige Entscheidungen treffen, müssen wir Kritik aktiv suchen und Gegenargumente und andere Meinungen vorurteilsfrei diskutieren.

Denn die Berücksichtigung von Kritik im Entscheidungsprozess führt nachweislich zu deutlich besseren Entscheidungen. Laura Kray von der Berkeley University und Adam Galinsky von der Kellogg School of Business haben das in einem Experiment nachgewiesen. Dazu teilten sie die Teilnehmer in zwei Gruppen ein. Die eine Gruppe baten die Forscher darum, aktiv andere Sichtweisen in den Entscheidungsprozess zu integrieren und nach Gegenargumenten zu suchen. Wie sich zeigte, fielen die Entscheidungen dieser Gruppe deutlich besser aus als die der anderen Gruppe, die sich nur auf ihre eigenen Sichtweisen verlassen hatte.[57] Auch andere Untersuchungsergebnisse bestätigen den positiven Einfluss von Kritikern im Entscheidungsprozess. Forscher der LMU in München und der WHU in Koblenz konnten zeigen, dass die Integration von Kritikern in den Entscheidungsprozess die Entscheidungsqualität verbesserte und sogar den Bestätigungsfehler in den Teams auflöste.[58]

KRITIK EINZUBEZIEHEN
MACHT SICH BEZAHLT

Auch in der Praxis hat sich ein solches Vorgehen bewährt. Der Starinvestor Warren Buffett etwa bezieht andere Einschätzungen und Gegenargumente bewusst bei seinen Investitionsentscheidungen mit ein. Wohl nicht zuletzt deshalb gelang es ihm, sein Unternehmen Berkshire Hathaway durch kluge Investitionen zu einem der wertvollsten Unternehmen der Welt aufzubauen. Buffett setzt nicht nur auf die Meinung seiner Kritiker – er möchte sie auch verstehen und nachvollziehen. Zu einer Investorenkonferenz lud er einen seiner größten Kritiker, den Hedge-Fonds-Manager Doug Kass, ein. Dieser ist nicht nur ein erklärter Gegner der Investmentstrategie von Buffett, er verkaufte die Aktien von Berkshire Hathaway sogar leer, das heißt, er wettete darauf, dass die Buffett-Aktie im Wert sinken würde. Offen zu sein für die Sichtweisen seiner schärfsten Kritiker ist nicht nur mutig, es macht sich in den allermeisten Fällen auch bezahlt. Buffett gelingt es auf diese Weise, seine selektive Wahrnehmung aufzubrechen und ein besseres und umfassenderes Verständnis für die nächsten strategischen Investitionsentscheidungen zu entwickeln.[59]

Gleiches gilt für Teamarbeit. Ein diverseres Team, das aus Menschen mit unterschiedlichen Sichtweisen besteht, wird für das gleiche Problem deutlich mehr und unterschiedliche Perspektiven einbringen und so die selektive Wahrnehmung des Teams aufbrechen. Zudem belegen Studien, dass Kritik von Menschen, die sich stark von uns unterscheiden, erheblich mehr zum Denken anregt als Kritik von jenen, die uns ähnlich sind. Das zeigte auch eine Untersuchung der Stanford University mit mehr als 350 Studenten: Wenn Kritik von Teilnehmern mit afroamerikanischem Hintergrund in der mehrheitlich weißen Gruppe geäußert wurde, dann führte dies zu erheblich intensiveren Diskussionen über Alternativen, als wenn die exakt gleiche Kritik von einem weißen Studenten geäußert wurde.[60]

Die Berücksichtigung und die Anerkennung anderer und neuer Meinungen zahlen sich also aus. Denn sie steigern die Wahrscheinlichkeit, dass wir vor einer Entscheidung alle wichtigen Perspektiven einbezogen haben und böse Überraschungen vermeiden.

Die Integration von Kritik in unsere Entscheidungsprozesse fällt uns allerdings schwer. Oft fühlen wir uns persönlich angegriffen. Umso wichtiger ist es, sich immer wieder bewusst zu machen, dass der andere nicht uns persönlich kritisiert, sondern nur unsere Sichtweise oder Analyseergebnisse. Dabei hilft es, sich klarzumachen, dass der Kritiker in genau derselben Abwehrhaltung ist wie man selbst. Denn auch er hat umfassend über das Problem nachgedacht, ist jedoch zu einem anderen Ergebnis gekommen. Gehen Sie eine solche Diskussion also besser mit Neugier anstatt mit Angst an. Und bedenken

Sie: Ihre Entscheidung lässt sich dadurch deutlich verbessern.

Bei privaten Entscheidungen ist es oft ausreichend, eine Diskussion mit einem oder sogar mehreren Kritikern zu führen. Ray Dalio, der Gründer von Bridgewater, einem der größten Hedge-Fonds weltweit, beschreibt in seinem Buch *Principles,* wie er es schafft, in Diskussionen mit Kritikern offen zu bleiben und nicht alle Argumente des anderen vorschnell zu beurteilen. Er achtet in Diskussionen besonders auf seine Emotionen und betrachtet diese als Signal dafür, dass er sich auf dem richtigen Weg befindet. Denn wenn wir mit Gegenargumenten konfrontiert werden, spüren wir dies auch körperlich. Unsere Muskeln und unsere Gesichtszüge verspannen sich, wir fühlen Wut und Irritation. Dies zeigt uns, dass wir diese Richtung weiterverfolgen sollten. Wir sollten solcherlei Gefühle nicht als Ausrede dafür verwenden, aus der Diskussion zu flüchten oder aggressiv und herablassend zu reagieren. Im Gegenteil: Nehmen Sie sich einen Moment Zeit, atmen Sie tief durch und fragen Sie Ihr Gegenüber, warum er oder sie zu dieser Sichtweise gelangt ist.[61]

Versuchen Sie Ihren Kritiker zu verstehen und bekämpfen Sie den Impuls, sich seinen Argumenten zu verschließen. Stellen Sie Ihre Sichtweise erst im zweiten Schritt vor und begründen Sie, wie Sie zu Ihrem Ergebnis gekommen sind. So können Sie auch die Argumente Ihres Kritikers als ergänzende Gegenargumente nachvollziehen und Ihre

Perspektive verbreitern. Versuchen Sie in der Diskussion zu argumentieren, als ob Sie Recht hätten. Hören Sie aber gleichzeitig so offen zu, als wären Sie im Unrecht. Nur so können Sie die Argumente Ihres Gegenübers auch nachvollziehen, ohne sie von vornherein zu beurteilen oder gar zu verurteilen. Die Diskussion sollte nicht als Wettbewerb um die beste oder richtige Meinung gesehen werden, sondern vielmehr als offener Austausch, der dazu dient, gemeinsam nach einer Lösung zu suchen. Um zu vermeiden, dass wir uns von unseren Emotionen leiten lassen und die Diskussion von der Ebene der Argumente abweicht, können Sie auch eine dritte Person bitten, das Gespräch als Beobachter zu verfolgen und wenn nötig ein kurzes Feedback zu geben.

Um offen auf Kritiker zuzugehen, braucht es Vertrauen. In uns selbst – aber genauso in unsere Gesprächspartner. Gerade das erweist sich oft als schwierig: Menschen, die unserer Meinung kritisch gegenüberstehen, vertrauen wir nur schwer. Dies kann gerade bei persönlichen Fragestellungen zum Problem werden. Einen Jobwechsel beispielsweise wollen die wenigsten mit jemandem im Detail besprechen, von dem sie nicht sicher sind, ob sie ihm Vertrauen entgegenbringen können. Hier kann ein Trick helfen. Bitten Sie einen Freund darum, ein solches Gespräch mit Ihnen zu simulieren. Dabei sollte er oder sie explizit kritische Fragen stellen und gegenläufige Sichtweisen einbringen, auch wenn er oder sie vielleicht Ihrer Meinung ist. So können Sie sicherstellen, dass Sie zunächst in einer vertrauensvollen Umgebung die nötigen Denkanstöße und kritischen Ideen erhalten.

TEAM ROT UND TEAM BLAU – WAS WIR VOM MILITÄR LERNEN KÖNNEN

Bei Unternehmensentscheidungen sind die Prozesse und die Anzahl der Beteiligten oft komplexer und größer. Daher bietet sich hier zur Verbesserung von Entscheidungen die Integration von Kritikern in einem strukturierten Verfahren an. Eines davon ist der Team Rot/Team Blau-Ansatz, der in einem mehrstündigen Workshop durchgeführt werden kann. Ursprünglich stammt die Methode aus dem Militär, von den US-Marines wird er nach wie vor verwendet. Der Kern des Ansatzes ist es, zwei unterschiedliche Teams zu bilden, die jeweils unterschiedlich über mögliche Problemlösungen nachdenken oder explizit gegeneinander antreten. Gemeinsames Ziel ist jedoch, das beste Ergebnis zu finden. Das Team Rot nimmt hierbei die Rolle des Kritikers an. Bei den US-Marines soll dieses Team den Kommandanten durch die kritische Herangehensweise in die Lage versetzen, alle Aspekte des Plans und alle möglichen Alternativen zu erkennen. Dabei nimmt das Team Rot bewusst die Perspektive von Gegnern ein. Das Team Blau analysiert das Problem auf Basis der internen Sichtweisen. In der darauffolgenden Diskussion ergeben sich in der Regel erhebliche und interessante Unterschiede bei Argumenten und Handlungsempfehlungen.[62]

Im Fall einer anstehenden Unternehmensentscheidung werden also nach Besprechung der Ausgangslage ebenfalls zwei Teams gebildet. In jeder Teilgruppe wird zunächst die Problemlösung diskutiert, im Team Blau aus Unternehmenssicht, im Team Rot primär aus externer Sicht. Dabei kann es hilfreich sein, sich vorzustellen, dass das Unternehmen an einen Konkurrenten oder einen Finanzinvestor verkauft wurde. Nun gilt es, folgende Fragen zu beantworten: Wie wäre das Unternehmen nach dem Verkauf ausgerichtet? Wie würden die neuen Eigentümer über das Problem nachdenken? Wie würden sie es lösen? Versuchen Sie sich in Ihrer Denkweise möglichst weitgehend von bestehenden Regeln, eingeübten Prozessen oder bisherigen Prioritäten freizumachen und das Problem aus verschiedenen Blickwinkeln zu beleuchten. Anschließend stellen die Teams ihre Lösungsansätze vor. Beide Gruppen präsentieren ihre Ergebnisse und diskutieren dann die unterschiedlichen Argumente. Die Teilnehmer sollten hierbei versuchen, die Argumente der anderen Seite nachzuvollziehen und zu einer gemeinsamen Lösung zu kommen.

Diese militärische Methode hat sich in der Unternehmenspraxis durchaus bewährt. Der Energiekonzern RWE nutzte sie etwa im Rahmen seiner Strategiediskussion, die schließlich zur Aufspaltung des Konzerns und zu dem erfolgreichen Börsengang von Innogy führte. Ein Vorstand von Innogy stellte die Vorteile des Prozesses in einem Interview heraus. Aus seiner Sicht hat der Ansatz dazu beigetragen, dass der Vorstand auch konträre Argumente im Rahmen der Strategiediskussion deutlich offener diskutiert und schneller einbezogen hat. Seiner Überzeugung nach hat dies maßgeblich dazu beigetragen, schnell eine für alle Seiten gute Entscheidung zu treffen.[63]

Als Ergebnis unserer Diskussion mit Kritikern müssen wir unsere Meinung nicht um 180 Grad ändern. Vielmehr geht es darum, Argumente zu identifizieren und zu verstehen. Es hilft auch dabei, neue Ideen zu entwickeln und unsere Entscheidungen auf eine breitere Basis zu stellen – und so letztlich bessere Lösungen zu finden. Ganz im Sinne von Albert Einstein, der schrieb: »Ein Geist, der offen ist für neue Ideen, wird nie mehr so klein sein wie vorher.«

Also raus aus dem polnischen Markt! Nach der Diskussion mit seinem Studienfreund ist sich Paul sicher. Das wird zwar ein schmerzhafter Einschnitt und viele Mitarbeiter werden nicht glücklich darüber sein, aber es ist notwendig. Oder nicht? Wer könnte das anders sehen? Hat Paul vielleicht die entscheidenden Argumente für den polnischen Markt übersehen?

Zum Glück hat Paul in seinem Unternehmen einen Mitarbeiter, der sich ausgezeichnet mit dem Markt auskennt und gleichzeitig ein glühender Verfechter der aktuellen Polenstrategie ist. Von dem Leiter des Polengeschäfts wird Paul sicher nicht hören, dass man sich aus diesem Markt zurückziehen sollte. Er entscheidet sich, ihn anzurufen. Wie erwartet bekommt Paul in dem Telefonat viele Gegenargumente geliefert. Aus Sicht des Polenchefs ist das Land *der* europäische Zukunftsmarkt, Polen liegt geografisch nah zur Firmenzentrale in Berlin und das Wirtschaftswachstum dort ist deutlich höher als in Deutschland. Zwar ist die Kaufkraft noch nicht vergleichbar, das wird sich aus seiner Sicht aber schnell ändern. Für ihn ist eine Investition in diesen Markt zwingend notwendig. Sie ist strategisch wichtig. Wer jetzt auf dem Markt nicht aktiv ist, sondern ihn den Wettbewerbern überlässt, hat aus seiner Sicht für immer verloren.

Paul kann diese Argumente gut nachvollziehen, bleibt aber skeptisch. Wenn sich der Markt weiter dynamisch entwickelt und das verfügbare Budget wächst, könnte man ja auch zu einem späteren Zeitpunkt einen neuen Versuch für den Markteintritt wagen.

Ihre Schritte zu mehr Offenheit für Kritiker:

> Betrachten Sie das Einbeziehen von anderen in Ihren Entscheidungsprozess nicht als Zeichen von persönlicher Schwäche.

> Gehen Sie auf potentielle Kritiker zu und bitten Sie sie um Feedback.

> Gehen Sie mit Neugier und nicht mit Angst in Gespräche und Diskussionen.

> Schreiben Sie fünf Argumente auf, die aus Ihrer Sicht die Meinung Ihres Kritikers bestätigen.

Fragen, die sicherstellen, dass Sie Feedback auch wirklich in Ihre Entscheidungen integrieren:

> Seien Sie ehrlich mit sich: Möchten Sie eine gute Entscheidung treffen oder Recht behalten?

> Überlegen Sie sich im Vorfeld, wer Ihrer Entscheidung sicher widersprechen wird. Was sind die Beweggründe dafür?

> Wie und aus welchen Gründen sind Ihre Gesprächspartner zu ihrer Ansicht gelangt?

> Welche der genannten Aspekte haben Sie übersehen?

> Welche der Ideen und Kritikpunkte sollten Sie unbedingt miteinbeziehen?

STELLEN SIE IHRE IDEE
AUF DIE PROBE

> »Über eine Sache denke ich bei jeder
> Entscheidung nach: Wie kann ich das
> Verlustrisiko kontrollieren?«
>
> *Richard Branson, Unternehmer und*
> *Gründer der Virgin Group*

Mittlerweile haben wir wahrscheinlich schon eine relativ gute Idee davon, in welche Richtung sich unsere Entscheidung entwickeln könnte. Wir haben das Problem identifiziert und auch bereits mit hilfreichen Ratgebern besprochen.

So hat sich für Paul nach den Gesprächen mit Ratgebern und Kritikern ein klareres Bild ergeben. Zwar hat sein Studienfreund ihm zum Marktaustritt geraten und der Leiter des Polengeschäfts eher für einen Verbleib in dem Markt argumentiert, in seiner

Bewertung beider Seiten tendiert Paul aber eher dazu, sich aus dem polnischen Markt zurückzuziehen und das Budget des Unternehmens lieber in Deutschland zu konzentrieren.

In dieser Phase des Entscheidungsprozesses ist es jedoch wichtig, sich nicht schon voreilig festzulegen. Hierzu tendieren wir jedoch, denn dies gibt uns ein Gefühl der Kontrolle über unsere Entscheidung.

Wir haben gern die Kontrolle über unser Leben. Dies gibt uns ein Gefühl der Sicherheit. Jedoch ist dieses Gefühl oft trügerisch. Die Welt um uns herum ist so komplex und dynamisch, dass wir viel weniger kontrollieren können, als wir denken. Zufälle spielen eine sehr große Rolle. Diese können sehr positive Auswirkungen haben. Die Schauspielerin Julia Roberts kennt heute jeder. Sie ist ein Weltstar. Allerdings wäre sie im Jahr 1990 nie zur »Pretty Woman« geworden, wenn Sandra Bullock die Rolle angenommen hätte. Ihr hatte man den Part nämlich zuerst angeboten.[64]

Positive Zufälle sind für unsere Entscheidung in der Regel weniger relevant, da sie das Ergebnis unserer Entscheidung ja nur verbessern. Schwieriger wird es bei den negativen Auswirkungen von zufälligen Ereignissen. Diese unterschätzen wir gerne beziehungsweise blenden sie sogar komplett in unserem Entscheidungsprozess aus. Wir tendieren dazu, besonders unsere Kontrolle über mögliche negative Ereignisse massiv zu überschätzen.

Diese sogenannte Kontrollillusion kann dazu führen, dass wir wichtige Argumente bei einer Entscheidung übersehen. Wenn wir unsere Idee allerdings bewusst kritisch betrachten und auf die Probe stellen, können wir die Kontrollillusion im Entscheidungsprozess reduzieren und bessere Entscheidungen treffen. Wir werden es zwar nicht schaffen, alle möglichen negativen Faktoren zu beleuchten, die unsere Entscheidung beeinflussen werden. Dies ist aber auch gar nicht nötig. Wichtig ist es jedoch, uns der Tatsache bewusst zu sein, dass wir nicht alles kontrollieren können. Vielmehr sollten wir vor allem die möglichen negativen Auswirkungen unserer Entscheidung im Kopf durchspielen. Sonst laufen wir Gefahr, diese Elemente nicht zu berücksichtigen.

WIR KÖNNEN NICHT ALLES KONTROLLIEREN

Stellen Sie sich für einen Moment das folgende Spiel vor: Wenn Sie gewinnen, bekommen Sie das aktuelle iPhone der neuesten Generation. Wenn Sie verlieren, bekommen Sie nichts. Sie spielen gegen einen Gegner, zum Beispiel gegen mich. In dem Spiel gibt es nur drei Würfel, jeder von uns darf die drei Würfel dreimal nacheinander würfeln. Derjenige, der am Ende der drei Runden mehr Sechsen gewürfelt hat, gewinnt. Welche Strategie würden Sie bei diesem Spiel anwenden?

Die meisten von uns würden jetzt wahrscheinlich sagen, dass eine Strategie völlig egal ist. Schließlich handelt es sich bei der Anzahl der gewürfelten Sechsen um ein reines Zufallsprodukt. Das stimmt. Aber wenn wir einmal ganz ehrlich mit uns sind und uns vielleicht an die letzte Runde Monopoly erinnern, haben wir doch alle unsere eigene Strategie zu würfeln. Einige würfeln mit besonders viel Schwung, einige mit besonders wenig Schwung. Andere wiederum nutzen gerne eine Bande, wenn diese vorhanden ist.

Dieses Verhalten beim Spielen mit Würfeln zeigt besonders anschaulich, wie uns die Kontrollillusion beeinflusst. Das Ergebnis der Würfel hängt ausschließlich vom Zufall ab. Trotzdem denken wir, dass wir durch bestimmte Strategien oder Techniken den Zufall überlisten können und das Ergebnis selbst kontrollieren können. Diese eingebildete Kontrolle über zufällige Ereignisse finden wir überall.

Jeder kennt den »Tür schließen«-Knopf in Aufzügen. Viele von uns mögen diesen Knopf sehr gerne und drücken ihn, mal mehr, mal weniger gestresst, um die Tür des Aufzugs vielleicht noch einige Sekunden schneller zu schließen und nicht auf das automatische Schließen der Türen warten zu müssen. Das Drücken des Knopfes gibt uns ein gutes Gefühl. Denn wir sind Herr der Lage und kontrollieren die Tür. Oder etwa nicht? Tatsächlich sind die meisten der Knöpfe nicht verbunden. Wenn wir den Knopf drücken, hat dies keinen Effekt. Wenn Sie also das

nächste Mal im Aufzug mehrfach auf den »Tür schließen«-Knopf drücken, denken Sie daran. Hier ist wieder
die Kontrollillusion am Werk.[65]

Sowohl das Würfeln als auch der Aufzugknopf sind
eher amüsante Beispiele, bei denen wir sehen können,
wie die Kontrollillusion uns im Alltag beeinflusst. Die
negativen Auswirkungen auf uns sind eher gering. Hier
kann die Kontrollillusion sogar positiv wirken, denn sie
reduziert Stress und wir fühlen uns gut.

Bei wichtigen Entscheidungen wie der finanziellen
Vorsorge für unseren Ruhestand kann die Kontrollillusion jedoch starke negative Auswirkungen haben. Hier
sind die möglichen negativen Folgen der Kontrollillusion
sehr viel größer. Wenn wir bei der Anlage unserer Erspar-
nisse unseren eigenen Einfluss auf zufällige Ereignisse in
der Zukunft überschätzen, gehen wir größere Risiken
ein.[66] Außerdem lässt uns die Kontrollillusion mögliche
negative Auswirkungen unserer Entscheidung übersehen,
da wir durch unsere Selbstüberschätzung zu optimistisch
werden. Kurzum führt die Kontrollillusion bei wichtigen
Entscheidungen dazu, dass wir mögliche positive Folgen
der Entscheidung überschätzen, negative Effekte hingegen ausblenden.[67]

Dies zeigt eine aktuelle Studie von zwei Wissenschaftlern der London Business School sehr schön. Zu Beginn
der Studie kauften die Teilnehmer ein Lottoticket für einen Dollar. Danach erhielt eine Gruppe von Teilnehmern
eine zufällige Kombination von Lottozahlen. Die andere

Gruppe von Spielern durfte sich die Zahlen aussuchen. Nun dürfte die selbst vorgenommene Wahl der Zahlen vernünftigerweise keinen Einfluss auf die Bewertung der Gewinnchancen haben. Das Gegenteil war jedoch der Fall. Denn als die Teilnehmer gebeten wurden, den Preis zu nennen, zu dem sie ihre Lottoscheine wieder verkaufen würden, hatte die bewusste Auswahl der Lottozahlen einen deutlichen Effekt. In der Gruppe, die sich die Zahlen aussuchen durfte, lag der durchschnittlich gewünschte Verkaufspreis bei 8,67 Dollar, in der anderen Gruppe nur bei 1,96 Dollar.[68] Die Ergebnisse zeigen, dass wir unseren eigenen Einfluss auf das (zufällige) Ergebnis als so positiv bewerten, dass wir den mehr als vierfachen Preis für das Ticket verlangen würden, obwohl die Gewinnchancen in beiden Fällen identisch sind. Diesen übersteigerten und unrealistischen Optimismus sollte man unbedingt reduzieren, wenn man eine wichtige Entscheidung zu treffen hat.

Natürlich ist das Durchdenken von positiven Aspekten unserer Entscheidung sehr wichtig. Dies sollte jedoch nicht unser einziger Fokus sein. Denn an die positiven Ergebnisse unserer Entscheidung denken wir in der Regel automatisch. Die negativen Auswirkungen lassen wir aufgrund der Kontrollillusion gerne außer Acht. Mithilfe einer schnellen Methode können wir hier ein Gleichgewicht herstellen und sichergehen, dass wir auch negative Folgen berücksichtigt haben. Ein Stresstest erlaubt es uns, unsere Entscheidung auf die Probe stellen.

DER STRESSTEST FÜR IHRE
ENTSCHEIDUNG

Es fällt uns sehr schwer, über negative Folgen nachzudenken. Dies gilt insbesondere dann, wenn es um die Zukunft geht. Um eine ausgewogene Entscheidung zu treffen, ist dies jedoch zentral. Um unser Denken zu öffnen und uns selbst für Bereiche zu sensibilisieren, in denen unsere Entscheidung schiefgehen kann, hilft uns ein kurzer Stresstest. Diese Methode können Sie sehr schnell anwenden. In der Regel dauert es nicht länger als 30 Minuten. Den Stresstest können wir bereits durchführen, bevor die Entscheidung getroffen wurde. So können wir die möglichen negativen Konsequenzen durchdenken und proaktiv darauf reagieren.

Der Schlüssel zu der Effektivität der Methode ist ein einfacher Trick, mit dem wir unser Gehirn dazu bringen können, frei und offen über die negativen Konsequenzen unserer Entscheidung nachzudenken und nicht von der Kontrollillusion in eine überoptimistische Denkweise geleitet zu werden. Alles, was wir tun müssen, ist, uns vorzustellen, dass unsere Entscheidung und das daraus resultierende Projekt in der Zukunft komplett gescheitert sind. Dann denken wir über die Ursachen für das Scheitern nach. Wir fragen uns also konkret: »Was *ist* schiefgegangen?«, und nicht: »Was *könnte* schiefgehen?« Am Ende geht es also nur um ein Wort, das unsere Denkweise

jedoch entscheidend beeinflusst. Dadurch, dass wir nämlich das Scheitern unserer Entscheidung schon vorweg-
genommen haben, müssen wir uns nicht länger innerlich
davon überzeugen, dass alles schon klappen wird. Somit
fallen Denkblockaden und wir können offen über negative Konsequenzen oder Ursachen für das Scheitern nachdenken. Um die Analyse durchzuführen, müssen Sie nur
fünf einfachen Schritten folgen:[69]

Schritt 1: Stellen Sie sich vor, Ihre Entscheidung
war ein komplette Fehlentscheidung.

Schritt 2: Schreiben Sie fünf Minuten lang
alle Gründe dafür auf, dass die Entscheidung
gescheitert ist.

Schritt 3: Schreiben Sie für jeden Grund
Maßnahmen auf, um das Scheitern zu verhindern.

Schritt 4: Bewerten Sie, wie realistisch die
Umsetzung dieser Maßnahmen aus Ihrer Sicht ist.

Schritt 5: Integrieren Sie die wichtigsten
Maßnahmen in den Umsetzungsplan Ihrer
Entscheidung.

Wenn Sie vor der Entscheidung stehen, ein Haus zu bauen oder ein Haus zu kaufen, könnten Sie sich für den Bau des Hauses entscheiden. Im ersten Schritt des Stresstests würden Sie jetzt annehmen, dass diese Entscheidung komplett falsch war. In drei Jahren ist Ihr Haus noch immer nicht fertig. Schon vor einem Jahr wollten Sie eigentlich einziehen. Jetzt müssen Sie weiterhin Miete zahlen, bis das Haus endlich fertig ist. Die Wohnung ist eigentlich auch zu klein, da Ihr Kind bereits auf der Welt ist. Außerdem ist das Haus schon deutlich teurer als ursprünglich geplant. Sie liegen bereits 150 000 Euro über Ihrem geplanten Budget. Es sieht aus, als hätte sich das Projekt nicht entwickelt wie angenommen.

Im zweiten Schritt können Sie nun die Gründe für dieses Scheitern auflisten. Hierbei ist wichtig, sich zu überlegen, was schiefgelaufen *ist*, nicht was schiefgelaufen sein könnte. Zum einen sind Fehler beim Bau entstanden. Die Fenster wurden nicht passend geliefert, die Badezimmerarmaturen falsch angebaut. All dies verursachte deutliche Mehrkosten. Auch ein ungewöhnlich langer und harter Winter hat den Bau verzögert. Außerdem waren einige der Ideen des Architekten in der Praxis deutlich schwieriger umzusetzen als angenommen. Auch Ihre Ehe wurde durch den Bau auf eine harte Probe gestellt. Ständig haben Sie sich mit Ihrem Partner gestritten. Vor allem über die Eigenleistung. Die Fliesen waren nicht gut verlegt und vor allem hatten Sie kaum mehr Zeit für sich. Denn jede freie Minute ist in den Bau des Hauses geflossen. Schließlich haben Sie entschieden, die ursprünglich als Eigenleistung geplanten Elemente doch von Fachfirmen durchführen zu lassen. Diese zu finden hat sehr lange gedauert und Ihr Budget weiter gesprengt.

Auf Basis dieser Liste von Gründen können Sie nun im dritten Schritt des Stresstests Maßnahmen analysieren, um das Scheitern zu verhindern. Vielleicht ist ein Fertighaus eine Lösung. Hier sind die zu erwartenden Verzögerungen aufgrund der Bauweise eher gering. Außerdem könnten Sie von vornherein Zeit einplanen, um den Bau zu überwachen. Vielleicht können Sie auch schon im Vorhinein versuchen, die geplante Eigenleistung und die eigenen Fähigkeiten realistischer einzuschätzen. Schließlich ist ein zeitlicher Puffer wichtig. Möglicherweise können Sie sich vertraglich Entschädigungen zusichern lassen, wenn der Bau nicht rechtzeitig fertig wird. So können Sie dann auch kurzfristig in eine größere Wohnung ziehen, bevor das Haus schließlich bezugsfertig ist.

Final können Sie nun bewerten, ob diese Maßnahmen realistisch sind. Wenn ja, können Sie an Ihrer Entscheidung, das Haus zu bauen, festhalten. In diesem Fall sollten Sie nun im fünften Schritt des Stresstests überlegen, wie Sie diese Maßnahmen konkret in Ihren Umsetzungsplan integrieren können. Beispielsweise könnten Sie den zeitlichen Puffer für die Fertigstellung erhöhen oder Entschädigungszahlungen in den Vertrag mit der Baufirma einbauen. Falls Sie jedoch zu dem Schluss kommen, dass sich die notwendigen Maßnahmen nicht gut umsetzen oder durch Sie steuern lassen, sollten Sie die Entscheidung noch einmal überdenken. Vielleicht ist in diesem Fall der Kauf eines Hauses die bessere Variante.

Kurzum: Der Stresstest kann uns helfen, unsere Entscheidung auf die Probe zu stellen und mögliche negative Konsequenzen aufzudecken, die wir sonst gerne übersehen. Einen Stresstest können wir auch durchführen, wenn wir die Entscheidung nicht alleine, sondern in einer Gruppe treffen. Daher ist die Methode besonders auch im beruflichen Alltag sehr hilfreich.

Hier hilft die Methode vor allem dabei, auch kritische Meinungen in die Diskussion zu integrieren. Oft ist es bei Unternehmensentscheidungen doch so, dass viele Teilnehmer im Entscheidungsprozess bewusst mögliche negative Argumente verschweigen. Dies hat in den meisten Fällen damit zu tun, dass sie persönliche Konsequenzen fürchten. Denn viele Menschen nehmen kritische Argumente nicht sachlich auf. Sie fühlen sich angegriffen. So wird jemand, der in Diskussionen kritische Sichtweisen vertritt, schnell zum Blockierer und Pessimisten, zu jemandem, der nicht an die Vision des Unternehmens glaubt, der kein Teil des Teams ist, der sich nicht mit der Firma identifiziert. Und all das nur, weil man in einer Diskussion dafür sorgen will, dass auch mögliche negative Auswirkungen der Entscheidung beleuchtet und diskutiert werden.

Ein Stresstest erlaubt es, kritische Stimmen ohne Angst zu äußern. Denn hier sind die Entscheidung und das daraus resultierende Projekt ja bereits gescheitert.

Zumindest im Diskussionsprozess. Daher werden hier Kritik und das Aufdecken von Ursachen, die zu diesem Scheitern geführt haben, als konstruktiv wahrgenommen. So können abweichende Meinungen ohne Risiko geäußert werden. Ist dieser Stresstest überstanden, können Sie sich sicher sein, die Entscheidung auf Basis einer umfassenden und ausgewogenen Analyse getroffen zu haben.

Ein Stresstest für seine Entscheidung erscheint Paul sehr sinnvoll. Er möchte sichergehen, dass er sich nicht irrt und seine Entscheidung am Ende keine komplette Fehlentscheidung ist. Paul geht also die fünf Schritte für den Stresstest durch.

Als Erstes stellt er sich vor, dass seine Entscheidung, sich aus dem polnischen Markt zurückzuziehen und sich auf Deutschland zu konzentrieren, komplett fehlgeschlagen ist. In fünf Jahren ist das Unternehmen pleite. Gut, dass es nur ein Stresstest ist.

Danach schreibt Paul fünf Minuten lang alle Gründe auf, die zu diesem Scheitern geführt haben. Kurz nach seiner Entscheidung stürzt Deutschland in eine Rezession, die Menschen geben deutlich weniger Geld für Sportschuhe aus. Gerade Markenprodukte, wie die von Paul, leiden unter dieser Entwicklung. Auch Investoren ziehen sich zunehmend aus dem Markt zurück. Der aggressive Expansionskurs in Deutschland ist gescheitert. Die Lagerbestände steigen und ein Abverkauf ist nur durch hohe Rabatte möglich. Das Geld geht aus, dem Unternehmen droht das Aus.

Der Grund für dieses Scheitern ist schnell identifiziert: ein zu aggressiver Expansionskurs in Deutschland. Für die Entwicklung der Gesamtwirtschaft kann Paul nichts. Hierauf könnte man höchstens durch ein starkes Geschäft außerhalb von Deutschland reagieren. Dafür müsste dieses aber profitabel sein. Um auch unter den Bedingungen des Stresstests erfolgreich zu sein, bräuchte Paul also einen erfolgreichen Auslandsmarkt oder eine moderate Expansionsstrategie für Deutschland, bei der man genug Geld im Unternehmen hat, um auch eine mögliche Rezession zu überstehen.

Im vierten Schritt bewertet Paul diese Maßnahmen. Ein erfolgreicher Auslandsmarkt wäre schön. Das Polengeschäft kann diese Rolle aus Sicht von Paul jedoch nicht spielen. Die Verluste sind hier auf absehbare Zeit zu groß. Durch einen Rückzug aus dem Markt würde Paul allerdings die finanzielle Situation seines Start-ups deutlich verbessern. Der Stresstest zeigt ihm, dass die Entscheidung, sich aus Polen zurückzuziehen, sein Verlustrisiko eher senkt als erhöht. Er hätte mehr Geld für die Expansion in Deutschland und wäre durch das größere verfügbare Budget sogar für eine mögliche Rezession besser gerüstet.

Ihre Schritte, um Ihre Entscheidung auf die Probe zu stellen:

> Berücksichtigen Sie die Macht negativer Zufälle und seien Sie sich Ihrer eigenen Grenzen bewusst.

> Überlegen Sie sich, dass Ihre Entscheidung scheitert, und fragen Sie sich nach den konkreten Gründen hierfür.

> Versuchen Sie bei Gruppenentscheidungen kritische Stimmen zuzulassen und nicht direkt zu bewerten.

Ihre Fragen, um Ihre Entscheidung auf die Probe zu stellen:

> Bin ich zu optimistisch?

> Habe ich mögliche negative Auswirkungen der Entscheidung berücksichtigt?

> Nehme ich Kritik an dem Vorhaben persönlich?

SCHLAFEN SIE
EINE NACHT DRÜBER

»Ich werde heute gut schlafen.«
Henry Ford, Unternehmer

Es mag wie eine alte Volksweisheit erscheinen: Einfach eine Nacht drüber schlafen. Doch es steckt mehr dahinter. Aktuelle Forschungsergebnisse aus dem Bereich der Neurowissenschaften zeigen, dass dies tatsächlich helfen kann, unsere Entscheidung zu verbessern. Indem wir eine Nacht über unsere Entscheidung schlafen, nutzen wir unsere unterbewussten Denkprozesse und können so Informationen besser verarbeiten und kreativer entscheiden.

Wussten Sie, dass das Kernstück des Rolling-Stones-Songs »Satisfaction« kurz nach dem Aufwachen entstanden ist? Keith Richards hat sich für die Eröffnungsakkorde des Songs im Schlaf inspirieren lassen.

Normalerweise geht Richards immer mit einer Gitarre und einem Aufnahmegerät schlafen, um spontan die

Ideen aufzunehmen, die während des Schlafens entstehen. Auch Paul McCartney sagt, dass er die Melodie zu dem Song »Yesterday« nach dem Aufwachen im Kopf hatte.[70] Die Kreativität entwickelte sich im Schlaf.

Oft assoziieren wir Entscheidungen nur mit bewussten Prozessen. Wir denken, wenn wir hart und lang genug über eine Entscheidung nachdenken, haben wir alles Notwendige getan, um ein gutes Ergebnis zu erzielen. Wie die vorherigen Kapitel zeigen, sind diese Denkprozesse und Analysen auch sehr wichtig. Aber sie sind nicht alles.

Denn viele entscheidende Denkprozesse laufen unterbewusst. Diese Vorgänge können wir nicht beeinflussen oder steuern. Wie wir in diesem Kapitel sehen werden, spielen sie jedoch für Kreativität und die Lösung von komplexen Problemen eine Schlüsselrolle.

Dies ist keine schlechte Nachricht, denn wir können auch unsere unbewussten Denkprozesse einfach und schnell in unseren Entscheidungsprozess integrieren. Hierfür müssen wir uns nur ein wenig Zeit geben, damit unser Unterbewusstsein arbeiten kann.

Mit ein wenig Zeit können wir mit Hilfe unseres Unterbewusstseins auf erstaunliche Weise Informationen neu bewerten, lernen und entscheiden. Ganz ohne dass wir uns anstrengen müssen oder intensiv über unser Problem nachdenken müssen. Insbesondere Schlaf spielt hierbei eine zentrale Rolle.

UNSER UNTERBEWUSSTSEIN
IST STÄRKER, ALS WIR DENKEN

Viele Denkprozesse spielen sich unterbewusst ab. Oft haben wir Ideen »aus dem Nichts« heraus, ohne dass wir gerade über eine bestimmte Sache nachgedacht haben. Diese unbewussten Prozesse sind auch für unsere Problemlösungsfähigkeit besonders wichtig.

Im Rahmen einer Studie der Universität von Amsterdam konnte dieser positive Effekt auf Kreativität gezeigt werden. Die Teilnehmer sollten verschiedene kreative Aufgaben lösen. Eine dieser Aufgaben war das Entwickeln von neuen Namen für eine Pasta-Marke. Die Teilnehmer wurden dafür in drei Gruppen unterteilt. Eine Gruppe begann sofort mit der Aufgabe, eine Gruppe wurde gebeten, 5 Minuten konzentriert über die Namen nachzudenken, und eine Gruppe wurde gebeten, sich fünf Minuten einem komplett anderen Problem zu widmen. Das Resultat war eindeutig. Die Gruppe, die zunächst gar nicht über das Thema nachgedacht hatte, hat die mit Abstand kreativsten Lösungsvorschläge für die neuen Pasta-Marken entwickelt.[71] Wenn wir also das volle Potential unserer Kreativität in Entscheidungen nutzen wollen, sollten wir uns ein wenig Zeit geben und uns zwischendurch mit einem ganz anderen Thema beschäftigen. Insbesondere bei komplexen Entscheidungen wie der eigenen Karriere ist dies sehr wichtig. Hier können wir durch unterbewusste Denkprozesse neue Lösungsmöglichkeiten entwickeln, die wir sonst gar nicht gesehen hätten.

Um zu sehen, wie unbewusste Denkprozesse unsere Problemlösungsfähigkeit fördern, untersuchten Wissenschaftler, wie sie sich auf die Kaufentscheidung beim Immobilienerwerb auswirken. Dies ist eine sehr komplexe Entscheidung, die die meisten Menschen nur einmal in ihrem Leben treffen. Es gilt, viele Faktoren, wie den Preis, die Lage oder die Ausstattung, zu berücksichtigen. Es ist außerdem eine sehr weitreichende und langfristige Entscheidung, die oft mit einer Finanzierung einhergeht. Sie will also gut überlegt sein. Intuitiv würden wir sagen, dass bei dieser Entscheidung nur bewusste Denkprozesse eine Rolle spielen sollten. Bei solch einer wichtigen Entscheidung denken wir, dass wir uns auf keinen Fall von unserem Unterbewusstsein leiten lassen, sondern rein analytisch an die Entscheidung herangehen sollten.

Bei der Analyse von Immobilienkaufentscheidungen hat sich jedoch das Gegenteil gezeigt. Käufer, die sich ganz bewusst eine Zeit lang von der Entscheidung abgelenkt haben, um das eigene Unterbewusstsein arbeiten zu lassen, kamen zu besseren Kaufentscheidungen als die Käufer, die rein analytisch vorgegangen waren.[72]

Diese Studienergebnisse zeigen, dass unbewusste Denkprozesse gerade bei komplexen Entscheidungen sehr helfen können. *Lassen Sie uns diese also nutzen!*[73]

Wenn Sie das nächste Mal neue Möbel kaufen oder eine wichtige berufliche Entscheidung treffen, ist es also besonders sinnvoll, kurz innezuhalten und Ihr Unterbewusstsein arbeiten zu lassen.

KONZENTRIERTE ABLENKUNG

Die Ursache für den positiven Effekt des Unterbewusstseins in unseren Entscheidungen sind automatische Bewertungsprozesse, die uns dabei helfen, komplexe Informationen zu ordnen und zu analysieren.[74]

Diese Prozesse in unserem Gehirn kann man sich vielleicht nicht richtig vorstellen, wir können sie jedoch für unsere Entscheidungen ganz einfach nutzen.

Hierfür müssen wir uns nur für eine gewisse Zeit ablenken.[75] Besonders effektiv sind dabei Tätigkeiten, die viel Aufmerksamkeit und Konzentration fordern. Dies könnte zum Beispiel Sport sein oder ein Spiel, das viel Konzentration verlangt, zum Beispiel Brettspiele wie Schach oder Go, aber auch Computerspiele. Selbst eine kurze Runde Tetris auf unserem Handy kann helfen, uns abzulenken und unserem Unterbewusstsein den Freiraum zu geben, uns bei unserer Entscheidung zu unterstützen.

Es kann jedoch auch schon ausreichen, einfach eine Pause zu machen, in der wir unsere Gedanken schweifen lassen. Oft haben wir die besten Ideen eben unter der Dusche, also in einer Situation, in der wir uns normalerweise nicht mit einer besonderen Frage beschäftigen.

ENTSCHEIDEN WIE IM SCHLAF

Die effektivste und dabei entspannteste Methode, um die Kraft unseres Unterbewusstseins für Entscheidungen zu nutzen, ist jedoch noch viel leichter umzusetzen: Sie müssen einfach nur eine Nacht drüber schlafen. Der positive Effekt von Schlaf ist schon lange bekannt und eine echte Volksweisheit. Dieses Wissen existiert im Übrigen in fast jeder Sprache, ob im Englischen »sleep on it«, im Französischen »dormir sur un problem« oder in Suaheli »kulala juu ya tatizo«.[76]

In der Tat ist es so, dass die neuesten Erkenntnisse der Neurowissenschaften unser altbekanntes Sprichwort bestätigen.

Professor Matthew Walker von der University of California, Berkeley, hat in seinem Buch *Why we Sleep: The New Science of Sleep and Dreams* analysiert, welche Effekte Schlaf auf unsere Entscheidungsprozesse hat.[77] Dabei steht im Vordergrund, dass Schlaf hauptsächlich zwei wichtige Wirkungen hat, die uns helfen können, bessere Entscheidungen zu treffen: Zum einen führt Schlaf dazu, dass wir unsere Emotionen besser regulieren können. Somit lassen wir uns weniger von ihnen leiten und treffen keine impulsiven Entscheidungen. Die zweite wichtige Wirkung von Schlaf ist eine verbesserte Problemlösungsfähigkeit.

Für beide Wirkungen ist vor allem eine bestimmte Phase im Schlaf verantwortlich, der sogenannte REM-

Schlaf. REM steht im Englischen für »Rapid Eye Movement« und bedeutet übersetzt schnelle Augenbewegung. Diese Schlafphase ist auch die, in der wir träumen. In dieser Phase führt Schlaf dazu, dass wir emotionale Erlebnisse verarbeiten und so insbesondere negative Emotionen wie Angst oder Wut abbauen. Dies wurde in verschiedenen Studien belegt.

Eine Studie zum Beispiel analysierte, wie Teilnehmer auf sehr stark emotionale Videoausschnitte reagieren. Hierfür wurden die Teilnehmer der Studie in zwei verschiedene Gruppen aufgeteilt. Ein Teil der Teilnehmer sah die emotionalen Ausschnitte am Morgen und am Abend, ohne in der Zwischenzeit zu schlafen. Ein anderer Teil der Teilnehmer sah die Videos zuerst am Abend, schlief dann und schaute die Ausschnitte am nächsten Morgen noch einmal. Hierbei wurde deutlich, dass die Gruppe, die in der Zwischenzeit schlief, deutlich weniger emotional auf die Ausschnitte reagierte.[78] Schlaf hilft uns also dabei, unsere Emotionen zu regulieren und weniger emotional auf Situationen zu reagieren.

Für wichtige Entscheidungen ist dieser Vorteil von Schlaf zentral. Denn wie wir bereits gesehen haben, können gerade unsere Emotionen – egal ob positive oder negative – zu Fehlentscheidungen führen. So können sowohl unsere zu überschwängliche Vorfreude auf den neuen Job als auch unsere Angst vor einer beruflichen Veränderung unsere Denkprozesse beeinflussen. Wir können uns unseren Emotionen zwar nie ganz entziehen, wenn wir jedoch eine Nacht über die Entscheidung schlafen, wird die Intensität, mit der sie unsere Entscheidungsprozesse steuern, reduziert. Schlafen hilft uns also dabei, einen kühlen Kopf bei unseren wichtigen Entscheidungen zu bewahren.

Darüber hinaus erhöht Schlaf unsere Problemlösungsfähigkeit. Ullrich Wagner von der Universität Münster hat dies eindrucksvoll gezeigt. In seiner Studie wurden die Teilnehmer gebeten, über verschiedene Runden hinweg komplexe Aufgabe zu lösen. Hierbei gab es jedoch einen Trick, mit dessen Hilfe man die Aufgaben deutlich schneller bewältigen konnte. Um diesen Trick jedoch zu finden, mussten die Teilnehmer die Aufgabe gut analysieren. Dies gelang den Teilnehmern deutlich besser, nachdem sie eine Nacht darüber geschlafen haben. Hier haben 60 Prozent der Teilnehmer den Trick entdeckt. In der Vergleichsgruppe, in der die Teilnehmer zwischendurch nicht geschlafen haben, waren es nur 20 Prozent. Schlaf hilft uns also dabei, Informationen zu verarbeiten und Muster zu erkennen.[79]

Ob wir ein neues Auto kaufen möchten oder ein Jobangebot bewerten: Die Integration vieler komplexer Informationen spielt hier immer eine Rolle. Schlaf ermöglicht es uns, diese Fähigkeit zu stärken, ohne dass wir uns anstrengen müssen. Es passiert einfach im Schlaf.

TRÄUME HELFEN UNS BEIM ENTSCHEIDEN

Eine besondere Rolle bei der Entscheidungsfindung scheinen unsere Träume zu spielen. Professor Robert Stickgold von der Harvard Medical School hat gezeigt, dass Träume uns beim Lernen helfen und dadurch unsere Fähigkeiten verbessern, auf Basis unseres Wissens Entscheidungen zu treffen. Hierfür hat er ein Experiment durchgeführt, in dem die Teilnehmer durch ein Labyrinth navigieren mussten. Innerhalb der Simulation gab es verschiedene Orientierungselemente wie beispielsweise Weihnachtsbäume, die den Teilnehmern die Navigation durch das Labyrinth erleichtern sollten.

Alle Teilnehmer der Studie erkundeten zunächst das Labyrinth und sollten sich die Wege und die Wegepunkte zur Navigation einprägen. Danach hat die Hälfte der Teilnehmer für 90 Minuten geschlafen, während die andere Hälfte der Teilnehmer wach blieb. Die Teilnehmer, die schliefen, wurden immer wieder geweckt und gefragt, ob sie etwas geträumt haben. Danach sollten alle Teilnehmer erneut durch das Labyrinth navigieren.

Die Ergebnisse waren erstaunlich. Die Teilnehmer, die sagten, von dem Labyrinth geträumt zu haben, als sie geweckt wurden, waren 10-mal so gut darin, durch das Labyrinth zu finden, wie die Teilnehmer, die geschlafen haben, aber nicht von dem Labyrinth geträumt haben.[80] Die Inhalte unserer Träume sind also entscheidend dafür, wie stark der Effekt von Schlaf auf unsere Problemlösungsfähigkeiten ist. Indem wir in unseren Träumen die Probleme und Herausforderungen unseres Alltags verarbeiten, helfen sie uns, Informationen zu ordnen und zu bewerten.[81]

Wenn wir also vor einer wichtigen Entscheidung stehen und eine Nacht darüber schlafen, stehen die Chancen gut, dass wir auch davon träumen werden. Und selbst wenn es kein positiver Traum ist, wird diese Art von unterbewusster Informationsverarbeitung unseren Entscheidungsprozess unterstützen.

Aber was tun wir, wenn die Entscheidung extrem zeitkritisch ist? Auch dann können wir versuchen, wie oben gezeigt, die Vorteile der unterbewussten Entscheidungsprozesse zu nutzen. Konzentrieren Sie sich hierfür ganz bewusst *nicht* auf die Entscheidung oder das konkrete Problem, das Sie lösen möchten. Machen Sie Sport, spielen Sie ein für den Kopf forderndes Spiel. Vielleicht spielen Sie einfach Tetris auf Ihrem Smartphone. Lassen Sie Ihr Unterbewusstsein für sich arbeiten.

GÖNNEN SIE SICH GENUG SCHLAF

Die Kraft des Schlafs für eine konkrete Entscheidung zu nutzen kann also sehr hilfreich sein. Darüber hinaus hat ausreichend Schlaf auch einen generellen positiven Effekt auf unsere Fähigkeit, Entscheidungen zu treffen. Wenn wir ausreichend schlafen, sind wir produktiver und können so deutlich konzentrierter arbeiten und entscheiden.[82] Zu wenig Schlaf hingegen wirkt sich sehr negativ auf unsere Fähigkeit aus, gute Entscheidungen zu treffen. Der Harvard-Neurologe Josna Adusumilli fand heraus, dass sechs Stunden Schlaf über 12 Tage hinweg unsere Leistung genauso negativ beeinträchtigen wie das Wachsein für 24 Stunden am Stück oder der Genuss einiger Gläser Wein.[83]

Gönnen Sie sich also die empfohlenen sieben bis acht Stunden Schlaf pro Nacht. Und wenn es einmal nicht geklappt hat oder Sie sich am Tag müde fühlen, machen Sie ein kurzes »Power Nap«, also ein kurzes Nickerchen von maximal 20 Minuten. Diese kurze Ruhepause reicht oft bereits aus, um neue Energie zu tanken.[84] Und wir wissen: Unser Unterbewusstsein erledigt in dieser Zeit wichtige Dinge für uns.

Die Ergebnisse des Stresstests waren für Paul sehr aufschlussreich. Der Prozess war allerdings anstrengend. In Pauls Kopf kreisen die Gedanken. Jetzt noch eine Entscheidung zu treffen macht keinen Sinn. Lieber alles ein wenig sacken lassen und noch eine Runde Laufen gehen.

Am nächsten Morgen unter der Dusche hat Paul ein klares Bild. Eine starke Position in Deutschland ist wichtiger als das Polengeschäft. In Deutschland kann man mit begrenztem Werbebudget bessere Ergebnisse erzielen. Die Gefahr, dass das Polengeschäft ein Fass ohne Boden wird, das am Ende die Wettbewerbsfähigkeit des Start-ups auch in Deutschland bedroht, ist zu groß. Und auch der Stresstest hat gezeigt, dass mehr Geld für Deutschland die Folgen einer möglichen Rezession abmildern kann. Doch ein Restzweifel bleibt. Was ist mit den Mitarbeitern?

Takeaway

Ihre Schritte, um unterbewusste Entscheidungsprozesse zu nutzen:

> Legen Sie Ihre Entscheidung für eine Zeit zur Seite, lenken Sie sich ab und denken Sie nicht über die Entscheidung nach.
> Treffen Sie die Entscheidung erst am nächsten Tag.
> Versuchen Sie, regelmäßig 8 Stunden pro Nacht zu schlafen.

Ihre Fragen, um unterbewusste Entscheidungsprozesse zu nutzen:

> Habe ich in der letzten Woche ausreichend geschlafen?
> Kann die Entscheidung auch morgen getroffen werden?
> Habe ich Zeit für ein Power Nap?

6.

STELLEN SIE SICH DIE
FOLGEN IHRER ENTSCHEIDUNG
IN FÜNF JAHREN VOR

»Hören Sie auf, darüber nachzudenken,
was schiefgehen könnte, und
fangen Sie an, darüber nachzudenken,
was klappen könnte.«

Tony Robbins, Coach und Unternehmer

Selbst wenn wir sorgfältig über unsere Entscheidung nachgedacht haben, kritische Meinungen berücksichtigt haben und uns eigentlich sicher sind, die richtige Entscheidung zu treffen, schieben wir unsere Entscheidung oft auf und sind unsicher, ob es auch wirklich die richtige Entscheidung ist. Wir haben schlicht Angst davor, die falsche Entscheidung zu treffen. Deshalb treffen wir lieber gar keine Entscheidung. Stellen Sie sich vor, Sie haben schon lange und intensiv über einen möglichen neuen Job nachgedacht. Eigentlich sind Sie sich sicher, dass Sie den neuen spannenden Job annehmen möchten. Ihre Entscheidung ist eigentlich schon gefallen. Dann kommt jedoch plötzlich das Gefühl der Angst und des Zweifels. Was, wenn ich den Job doch nicht mag? Was sagen meine Kollegen dazu? Ist es hier in meinem aktuellen Job nicht vielleicht doch am schönsten? Diese Zweifel führen in den meisten Fällen dazu, dass Sie die Entscheidung, die eigentlich für Sie schon feststeht, dann doch nicht treffen.

Die fehlende Bereitschaft, Entscheidungen zu treffen, führt dazu, dass wir Chancen verpassen und notwendige Entscheidungen aufschieben. Ironischerweise hindert uns unsere Angst vor einer schlechten Entscheidung oft daran, eine gute Entscheidung zu treffen.

Wenn wir die gefühlten negativen Konsequenzen der Entscheidung durchdenken, uns deren Auswirkungen vorstellen und so relativieren, können wir jedoch selbstbewusst eine Entscheidung treffen, ohne dass uns die Angst vor einer Fehlentscheidung lähmt.

ENTSCHEIDUNG BEDEUTET VERÄNDERUNG

Jede Entscheidung, die wir treffen, ist mit Veränderung verbunden, es sei denn, wir treffen keine Entscheidung. Dann bleibt alles so, wie es ist. *Wir haben uns dann jedoch auch für etwas entschieden*, nämlich für die Erhaltung des Status quo.

Stellen Sie sich vor, Sie haben ein großes Wertpapier-portfolio im Wert von 1 Million Euro von Ihrem Großon-kel geerbt. Ein schöner Gedanke, oder? Obwohl Sie sich gerne mit dem Kapitalmarkt beschäftigen, haben Sie dort bislang keine großen Summen investiert. Für Ihre Inves-tition haben Sie die folgenden Möglichkeiten:

1. Sie behalten das aktuelle Portfolio. Sie investieren das Geld auch weiterhin in das aktuelle Portfolio, bestehend aus je einem Drittel Aktien, Anleihen und Bargeld.
2. Sie investieren in ein risikoreicheres Portfolio, bestehend aus mehr Aktien.
3. Sie investieren in ein risikoärmeres Portfolio, bestehend aus mehr Anleihen.
4. Sie investieren in ein risikoärmeres Portfolio, bestehend aus mehr Bargeld.

Wofür würden Sie sich entscheiden? Wahrscheinlich für die Option Nummer 1. Denn der große Unterschied zwi-schen diesem Portfolio und den anderen Optionen ist der, dass Sie bei Option 1 den aktuellen Status quo einfach beibehalten und nichts verändern müssen. So gehen wir möglichen negativen Konsequenzen, die sich aus einer Veränderung ergeben könnten, aus dem Weg. Wir ent-scheiden uns für den vermeintlich einfachsten Weg und erhalten den Status quo.[85]

Diese Vorliebe für den Status quo sehen wir auch in

anderen Bereichen. Fast 70 Prozent der Autofahrer in Deutschland würden sich zum Beispiel wieder für die gleiche Automarke entscheiden.[86] Jeden Tag folgen wir einer ähnlichen Routine. Wir frühstücken das Gleiche und nehmen den gleichen Weg zur Arbeit. Veränderungen stehen wir eher kritisch gegenüber. Denn Veränderung bedeutet auch Unsicherheit und das Risiko, etwas Unbekanntes auszuprobieren.

Oft ist das ein Grund dafür, wichtige Entscheidungen nicht zu treffen oder sie aufzuschieben. Der gemütliche und bekannte Status quo führt dazu, dass wir Veränderungen aus dem Weg gehen. Was wir hierbei jedoch nicht berücksichtigen, ist, dass das Festhalten am Status quo auch eine Entscheidung darstellt. Auch wenn wir denken, keine Entscheidung zu treffen, entscheiden wir uns *für* das Bekannte.

Unsere Liebe zum Status quo ist völlig normal und lässt sich durch ein anderes psychologisches Phänomen leicht erklären: Wir möchten nur ungern ein Risiko eingehen. Unsere Angst davor, eine schlechte Entscheidung zu treffen, ist so groß, dass wir lieber gar keine Entscheidung treffen.

DIE ANGST VOR FALSCHEN ENTSCHEIDUNGEN HINDERT UNS AN GUTEN ENTSCHEIDUNGEN

Wenn wir wichtige Entscheidungen treffen, möchten wir keine Fehler machen. Denn die Folge dieser Fehler ist in unserer Vorstellungskraft enorm. Gerne tendieren wir dazu, uns das schlimmste Szenario vorzustellen und die potentiellen negativen Auswirkungen unserer Entscheidungen zu übertreiben. Wenn wir über den Umzug in eine neue Stadt nachdenken, überlegen wir schnell, was alles schiefgehen könnte. Die neue Stadt gefällt uns nicht, wir verlieren den Kontakt zu unseren Freunden, vielleicht werden wir vor Ablauf der Probezeit von unserem neuen Arbeitgeber gekündigt und stehen vor dem finanziellen Ruin.

Sicherlich sollten solche Argumente in unserer Entscheidung mit berücksichtigt werden. Allerdings tendieren wir dazu, die möglichen Verluste, die sich aus unserer Entscheidung ergeben, viel höher zu bewerten als die möglichen Gewinne, also alle positiven Folgen aus dem Umzug wie eine neue spannende Tätigkeit, mehr Geld, einen neuen Freundeskreis, der den bestehenden ergänzt, ein tolles und spannendes Arbeitsumfeld und nette Kollegen. Stehen diese Argumente einander gegenüber, fokussieren wir uns in der Regel stärker auf die negativen Faktoren. Auch wenn wir uns in einigen Situationen gerne selbst überschätzen, mögen wir in der Regel einfach kein Risiko.

Daniel Kahneman beschreibt dieses Entscheidungsdilemma in seinem Buch *Schnelles Denken, langsames Denken* anhand eines kurzen Gedankenspiels:

Stellen Sie sich vor, ich biete Ihnen eine Wette an, bei der ich einmal eine Münze werfe. Dabei haben Sie eine 50/50-Chance, einen bestimmten Geldbetrag zu gewinnen. Wenn Sie allerdings verlieren, müssen Sie mir 100 € zahlen. Bei welchem Gewinn würden Sie trotz des drohenden Verlustes auf die Wette eingehen?

Die meisten Menschen nennen hier einen Betrag zwischen 200 € und 300 €. Wir hassen es also deutlich stärker, zu verlieren, als dass wir es mögen, zu gewinnen. Ansonsten würden wir einen kleineren Betrag wie beispielsweise 100 € als möglichen Gewinn akzeptieren. Das kurze Spiel zeigt: Wir vermeiden Risiken sehr gerne. Natürlich hängt die Antwort zu einem gewissen Teil auch an den eigenen Vermögensverhältnissen. Das Verhältnis von drohendem Verlust und dem jeweils notwendigen Gewinn bleibt jedoch gleich.

Fragt man einen Studenten nach der gleichen Wette mit einem möglichen Verlust von 10 €, so erhält man im Durchschnitt einen notwendigen Gewinn von circa 20 € bis 30 €. Das Verhältnis zwischen dem Verlust und dem notwendigen Gewinn ist in beiden Fällen identisch. Wir können also sagen, dass wir Verluste ungefähr 2- bis 3-mal so hoch bewerten wie Gewinne.[87]

Bei wichtigen Entscheidungen führt diese Überbewertung von Verlusten dazu, dass wir Risiken deutlich stärker bewerten als Chancen. *Egal wie lange und wie intensiv wir über eine Entscheidung nachgedacht haben, das Risiko eines möglichen Verlustes wird uns oft höher erscheinen als die möglichen Vorteile und Gewinne, die sich aus der Entscheidung ergeben.*

In Unternehmen führt dies dazu, dass innovative Lösungen, die ein sehr großes Potential aufweisen, nicht vorgeschlagen werden, da dieses Potential in der Regel auch mit einem größeren Risiko einhergeht. Am Ende möchte niemand für den möglichen Verlust verantwortlich sein. So bleiben neue Produkte und Ideen auf der Strecke und dem Unternehmen droht mittelfristig ein Problem, da es keine Pipeline von innovativen Produkten aufweisen kann. Dann kann wie im Fall von Kodak, wo die digitale Revolution verschlafen wurde, die Pleite drohen.[88]

Zusammen mit unserer Vorliebe für das Festhalten am Status quo führt unsere Abneigung gegenüber Risiko dazu, dass wir uns nicht entscheiden, sondern noch mehr Argumente sammeln und die Entscheidung vor uns herschieben. Wenn auch Sie sich hier wiederfinden: Sie sind nicht allein.

Man kann dieser Tendenz aber auch entgegenwirken, indem man bewusst versucht, die drohenden Verluste zu relativieren und ins Verhältnis zu setzen. Insbesondere Zeit ist hier ein wesentlicher Faktor.

SETZEN SIE IHRE ENTSCHEIDUNG
IN DIE RICHTIGE RELATION

Um die eigenen Horrorvorstellungen über die möglichen negativen Auswirkungen von Entscheidungen in den Griff zu bekommen, ist es sinnvoll, die eigene Entscheidung ein wenig zu relativieren. Zwar ist man bei jeder Entscheidung davon überzeugt, dass diese das Leben nachhaltig und fundamental verändern wird. Denkt man aber einen Augenblick darüber nach, sind die Auswirkungen der meisten Entscheidungen in fünf Jahren oft nicht so groß, wie wir uns dies in unseren Horrorvorstellungen ausmalen.

Selbst wenn das Risiko groß erscheint: *Die meisten Entscheidungen können wir im Nachhinein verändern.* Man kann den neuen Job wieder kündigen, das übernommene Unternehmen wieder verkaufen oder im schlimmsten Fall schließen. Dann hat man vielleicht Geld verloren, kann dieses aber mit anderen Aktivitäten wieder ausgleichen. Wir müssen also die Perspektive auf unsere Entscheidung verändern. Dann erscheint auch das vermeintliche Risiko der Entscheidung nicht mehr so groß.

Eine einfache Methode, um die richtige Perspektive auf die eigene Entscheidung zu erhalten, beschreibt Suzy Welch in ihrem Buch *10-10-10: A Life Transforming Idea*. Die ehemalige Chefredakteurin des *Harvard Business Review* und Unternehmensberaterin hat eine ebenso schnelle wie effektive Methode entwickelt, um die tatsächliche Tragweite von Entscheidungen zu analysieren: die 10/10/10-Methode. Diese besteht aus drei Fragen, mit denen Sie verschiedene Zeitpunkte und die möglichen Auswirkungen Ihrer Entscheidung betrachten können. Um Ihre Entscheidung in die richtige Relation zu setzen, sollten Sie sich die folgenden Fragen stellen:

- Welche Auswirkungen hat meine Entscheidung in 10 Minuten?
- Welche Auswirkungen hat meine Entscheidung in 10 Monaten?
- Welche Auswirkungen hat meine Entscheidung in 10 Jahren?

Mithilfe dieser Fragen gelingt es Ihnen, Klarheit über Ihre Entscheidung zu erhalten. Sie reduzieren mögliche Schuldgefühle und überwinden die zum Teil lähmende Angst davor, eine falsche Entscheidung zu treffen.[89] Denn selbst wenn eine Entscheidung in den ersten 10 Minuten negative Auswirkungen hat, in 10 Monaten sind diese nicht mehr spürbar und in 10 Jahren werden Sie auf die Entscheidung zurückblicken und sich freuen, dass Sie diese getroffen haben. Oder Sie erinnern sich nicht mehr an die Entscheidung. Viele von den Entscheidungen, von denen wir denken, dass sie unser Leben fundamental verändern, sind in der Realität nämlich oft gar nicht so wichtig wie gedacht. Oft sind sie schon in einem Monat vergessen.

Stellen Sie sich vor, dass Sie seit einigen Jahren sehr hart und erfolgreich in Ihrem aktuellen Job arbeiten. Gerne wollen Sie sich weiterentwickeln. In einem solchen Fall entscheiden wir uns trotz unseres Wunsches oft dafür, einfach nichts zu tun und abzuwarten. Unser Chef wird schon auf uns zukommen, wenn sich eine Gelegenheit bietet. Anstatt uns zu entscheiden, auf den Vorgesetzten zuzugehen, und konkret nach den Entwicklungsmöglichkeiten oder einer speziellen Position zu fragen, entscheiden wir uns für den Status quo. Schließlich könnte man als zu fordernd wahrgenommen werden und sich damit die Karriere ruinieren. Wenn wir in dieser Situation die 10/10/10-Methode anwenden, sehen wir schnell, dass die Entscheidung relativ einfach ist.

10 Minuten nachdem wir unseren Chef gefragt haben, werden wir uns gut, erleichtert und stolz fühlen. Entweder wir bekommen ein positives Feedback oder wir wissen, dass man die eigene Rolle im Unternehmen dauerhaft nicht in einer höheren Position sieht. Dann können wir uns mittelfristig umorientieren und eine spannende Chance in einem anderen Unternehmen wahrnehmen.

10 Monate nachdem wir unseren Chef gefragt haben, werden wir das Gespräch nicht bereuen. Entweder wir haben mittlerweile schon die gewünschte Position oder wir haben Gewissheit darüber, wie man uns und unsere Rolle in dem Unternehmen einschätzt.

10 Jahre nachdem wir unseren Chef gefragt haben, wird unsere Entscheidung von damals keine Bedeutung

mehr haben. Wir sind entweder glücklich mit unserem Job in dem Unternehmen oder haben uns einer neuen und spannenden Herausforderung gewidmet.

Unsere Ängste in Bezug auf die kurzfristigen Auswirkungen der Entscheidung sollten wir also nicht überbewerten, sondern unsere Entscheidung in die richtige Relation setzen. Dann fällt es uns nicht mehr schwer, aktiv zu werden.

Es gibt eine Variante dieser Methode, die auch sehr hilfreich sein kann, um Ihrer Entscheidung die richtige Perspektive zu geben. Oft ist es zu abstrakt, über die konkreten Auswirkungen der Entscheidung nachzudenken. In diesen Fällen können Sie die Fragen leicht verändern und stattdessen über Ihre eigenen Gefühle nachdenken. Konkret bedeutet dies, dass Sie sich fragen: »Wie werde ich mich in 10 Minuten mit der Entscheidung fühlen? Wie in 10 Monaten? Wie in 10 Jahren?« In der Regel ist die Antwort: gut und erleichtert.

EIGENTLICH IST IHRE ENTSCHEIDUNG RELATIV KLEIN

Das Risiko, das wir bei wichtigen Entscheidungen auf uns nehmen, ist ein wichtiger Faktor, über den wir uns Gedanken machen sollten, keine Frage.

Allerdings nehmen wir uns oft ein bisschen zu ernst. Dies übertragen wir dann auf unsere Entscheidungen.

Um dem entgegenzuwirken, können einige Zahlen helfen, die uns eine neue Perspektive auf die eigene Entscheidung geben. So kann die Entscheidung mit ein wenig mehr Abstand getroffen werden und die Last Ihrer Entscheidung wird möglicherweise ein wenig kleiner.

Hier die Zahlen: Es gibt bald 8 Milliarden Menschen auf der Erde. Die Erde ist nur ein Planet unseres Sonnensystems. Einer der uns nächstgelegenen Planeten ist der Merkur. Er ist (abhängig vom Jahr und der Jahreszeit) circa 200 Millionen Kilometer von der Erde entfernt.[90] Das ist 20 000-mal so weit wie die Flugstrecke von München nach Tokio. Der Pluto ist der am weitesten am Rande unseres Sonnensystems gelegene Planet. Er ist 5 Milliarden Kilometer von der Erde entfernt, also 500 000-mal so weit wie die Strecke von München nach Tokio. Unser Sonnensystem ist Teil der Milchstraße, einer von circa 1 Billion bekannten Galaxien (ja: 1 000 000 000 000).[91]

Eine kleine Übung kann Ihnen helfen, diese Zahlen zu nutzen, um eine bessere Entscheidung zu treffen: Schließen Sie für einen Moment die Augen. Stellen Sie sich vor, Sie sehen sich und Ihren aktuellen Standort von oben. Stellen Sie sich jetzt vor, wie Sie langsam immer kleiner werden, als wenn eine Kamera Sie von oben filmt und diese Kamera jetzt nach oben weggezogen wird. Sie werden immer kleiner, irgendwann sehen Sie sich nicht mehr, sondern nur noch die Erde, dann den Mars, dann das Sonnensystem, dann die Milchstraße. Wenn Sie jetzt die Milchstraße sehen, sehen Sie nur eine von

1 000 000 000 000 bekannten Galaxien vor Ihrem inneren Auge. Wie fühlt sich jetzt Ihre Entscheidung an? Auch wenn sie noch so groß und schwer erscheint und auch wenn die potentiellen negativen Folgen davon sehr groß sein können: Wählen Sie die richtige Perspektive auf die Entscheidung. Sie sind nicht allein. Mehrere Tausend oder Hunderttausend Menschen weltweit stehen heute vor der gleichen Entscheidung wie Sie.

Und stellen Sie sich noch einmal die Milchstraße vor. Vielleicht wirkt Ihre Entscheidung jetzt ein bisschen weniger groß und existentiell. Vielleicht ist das Risiko ein wenig in Relation gesetzt. Und selbst wenn diese Übung Ihnen nicht hilft, denken Sie immer daran, dass Sie Ihre Entscheidungen wieder verändern können. Ihre Angst ist in der Regel unbegründet.

Also, los geht's!

Können wir uns den Wachstumsmarkt wirklich entgehen lassen? Was werden die Mitarbeiter sagen?
Eigentlich ist sich Paul sicher, dass es die richtige Entscheidung ist, sich aus dem polnischen Markt zurückzuziehen. Doch es ist so eine große Entscheidung. Paul entschließt sich, die 10/10/10-Methode anzuwenden.

Welche Auswirkungen hat die Entscheidung in 10 Minuten? Paul wird sich erleichtert fühlen, aber er muss immer noch die Mitarbeiter und die Investoren informieren. Wie werden sie reagieren?

Nach 10 Monaten steht fest, dass der Ausstieg aus Polen geglückt ist. Die betroffenen Mitarbeiter waren zunächst nicht glücklich mit der Entscheidung. Nachdem alle jedoch spannende neue Tätigkeiten im Deutschlandgeschäft gefunden haben, ist die Motivation deutlich gestiegen. Auch die Investoren sind mit der Aussicht auf ein starkes Deutschlandgeschäft glücklich und froh darüber, den Verlustbringer Polen losgeworden zu sein.

In 10 Jahren denkt keiner in dem Unternehmen mehr über die Entscheidung von damals nach. Das Wachstum in Deutschland war stark. Der Umsatz hat sich vervielfacht. Der Gewinn ist ebenfalls gestiegen. Der deutsche Markt scheint für das Unternehmen völlig auszureichen, um erfolgreich zu sein.

Dieses Ergebnis gibt Paul ein gutes Gefühl. Er ist beruhigt und selbstbewusst, dass der Ausstieg die richtige Wahl ist. Jetzt kann er sich festlegen.

Ihre Schritte, um mögliche negative Effekte in Relation zu setzen:
> Denken Sie in Ruhe über die Effekte der Entscheidung nach.
> Fragen Sie sich: »Welche Folgen hat die Entscheidung wahrscheinlich in fünf Jahren?«
> Versuchen Sie auch über die positiven Folgen und nicht nur über die möglichen negativen Konsequenzen nachzudenken.

Ihre Fragen, um mögliche negative Effekte in Relation zu setzen:
> Welche positiven Auswirkungen wird die Entscheidung haben?
> Wie kann ich mögliche negative Konsequenzen der Entscheidung nachträglich beeinflussen?
> Wie viele Galaxien sind Astronomen im Moment bekannt?

7.

SETZEN SIE SICH
EINE DEADLINE UND TREFFEN
SIE DIE ENTSCHEIDUNG

»Wenn Sie nicht bereit sind,
Fehler zu machen, werden Sie nie
Entscheidungen treffen können.«

Warren Buffett, Investorenlegende

Nun haben wir es fast geschafft. Der letzte Schritt scheint einfach, ist aber für viele Menschen sehr schwer. Wir müssen die Entscheidung, für die wir uns eigentlich schon unterbewusst und bewusst entschieden haben, für uns und andere offiziell machen. Wir müssen uns also festlegen und tatsächlich entscheiden.

Oft tritt jedoch gerade in dieser finalen Phase ein Phänomen auf, das uns davon abhält. Wir denken zu viel nach. Wir zweifeln. Wir sorgen uns, ob wir auch wirklich alles berücksichtigt haben. Wir fragen uns, ob sich vielleicht doch noch kurzfristig etwas an der Situation ändert.

Wenn wir jedoch vor unserer Entscheidung zu viel nachdenken, entstehen neue gedankliche Optionen und wir überlasten unser Gehirn mit zu vielen Informationen. Denken Sie daran, dass Sie bereits reiflich über die Entscheidung nachgedacht, sie mit anderen Menschen diskutiert und sogar eine Nacht drüber geschlafen haben, um Ihre unterbewussten Denkprozesse zu aktivieren. Wenn Sie jetzt wieder neue Informationen und Auswahlmöglichkeiten ins Spiel bringen, wird Sie dies eher daran hindern, eine gute Entscheidung zu treffen.

Barry Schwarz beschreibt dieses Paradoxon in seinem Buch *The Paradox of Choice*. Er zeigt, dass uns mehr Wahlmöglichkeiten nicht helfen. Sogar das Gegenteil ist der Fall. Wenn wir weniger Auswahlmöglichkeiten für eine Entscheidung haben, reduzieren sich Sorgen rund um die Entscheidung und es fällt uns leichter, eine Entscheidung zu treffen.[92]

Eine Studie von Sheena Iyengar von der Columbia University und Mark Lepper von der Stanford University zeigt dies für unser Einkaufsverhalten. Sie testeten, inwieweit sich Kunden von Marmelade in Supermärkten von der Anzahl der Auswahlmöglichkeiten in ihrer Kaufentscheidung beeinflussen lassen.

Hierfür stellten sie in verschiedenen Supermärkten Teststände für Marmelade der Marke »Wilkin & Sons« auf. An dem ersten Teststand wurden 24 verschiedene Sorten Marmelade angeboten, an dem zweiten nur sechs. Zwar führte die größere Auswahl dazu, dass deutlich mehr Menschen an dem ersten Teststand stehenblieben, um zu probieren. Beim Kaufverhalten sah das Bild jedoch ganz anders aus. Am ersten Stand, dem mit der großen Auswahl, kauften nur 3 Prozent der Kunden eine Marmelade. An dem zweiten Stand, bei dem die Anzahl der Optionen auf nur sechs beschränkt war, kauften 30 Prozent der Tester auch eine Marmelade.[93] Wir entscheiden uns also eher, wenn die Anzahl der Optionen, die wir haben, überschaubar ist. Der Grund hierfür ist einfach: Wir tendieren dazu, unsere Entscheidungen zu optimieren, sind hiervon überfordert und treffen dann lieber gar keine Entscheidung beziehungsweise eine Entscheidung für den Status quo, wie wir im letzten Kapitel gesehen haben.

Wenn wir gut entscheiden wollen, sollte es jedoch nicht unser Ziel sein, eine »optimale« Entscheidung zu treffen. Da wir nicht in die Zukunft schauen können, werden wir ohnehin niemals in der Lage sein, auf alle Eventualitäten vorbereitet zu sein und diese in unseren Entscheidungsprozess einfließen zu lassen. Wir können immer nur auf der Basis von Informationen entscheiden, die wir zum Zeitpunkt der Entscheidung haben, und die beste Entscheidung zu diesem Zeitpunkt treffen. Wenn wir ständig warten und denken, dass neue Informationen uns weiterhelfen können, gelangen wir in einen Teufelskreis und werden nie eine Entscheidung treffen. Denn es gibt immer neue Informationen, auf die wir warten können.

Der Nobelpreisträger Herbert Simon hat gezeigt, dass

das Streben nach scheinbar »optimalen« Entscheidungen oft nicht zielführend ist. Er unterteilt Entscheider in zwei Kategorien. Da sind die Perfektionisten, die eine Entscheidung optimieren wollen, alles ganz genau analysieren und erst dann eine für sie »optimale« Entscheidung treffen, wenn sie sicher sind, alle Optionen entsprechend berücksichtigt zu haben. Und dann sind da die Unbeschwerten, die schneller zufrieden sind. Anstatt alle möglichen Optionen zu durchdenken, analysieren sie nur so lange, bis sie eine Option finden, die ihren Wünschen und Vorlieben entspricht, und entscheiden sich dann für diese Option. Dies bedeutet allerdings keinesfalls, dass die Unbeschwerten »schlechte« Entscheidungen treffen oder keine hohen Ansprüche an ihre Entscheidung haben. Ganz im Gegenteil. Sie können durchaus sehr hohe Maßstäbe für ihre Wahl haben. Der große Unterschied zu den Perfektionisten ist der, dass die Unbeschwerten aufhören, ihre Entscheidung anzuzweifeln, sobald sie eine Option gefunden haben, die sie zufriedenstellt. Perfektionisten wollen auf Nummer sicher gehen und schauen weiter, ob es nicht noch andere, noch bessere Optionen gibt. Dies führt am Ende dazu, dass Perfektionisten erst viel später entscheiden und dann in der Regel mit ihrer Entscheidung unzufrieden sind.[94/95]

Wenn Sie also einen Job in einer interessanten Stadt, mit tollen Kollegen, einem guten Gehalt und tollen Aufstiegsmöglichkeiten gefunden haben, können Sie die Entscheidung ruhig treffen und nicht weiter optimieren. Der

Perfektionist würde weiterschauen. Gibt es vielleicht einen Job mit noch mehr Prestige, mit einem Firmenwagen, mit noch mehr Geld, in einer noch schöneren Stadt? So trifft der Perfektionist keine Entscheidung und legt sich nicht fest, da er oder sie immer weiter nach einer vermeintlich noch besseren Option sucht.

Wenn Ihre Kriterien erfüllt sind und Sie sich gut fühlen mit der Entscheidung, dann legen Sie sich fest und schieben Sie nichts mehr auf die lange Bank. Seien Sie ruhig ein wenig unbeschwert.

Oft tun wir jedoch das genaue Gegenteil. Wir lieben es, Entscheidungen aufzuschieben. Nicht umsonst ist morgen schon immer der Tag gewesen, an dem alles möglich ist. Wenn wir jedoch nach diesem Leitsatz leben, wird das Morgen nie kommen. Denn wir haben an jedem neuen Tag eine neue Möglichkeit, die Dinge wieder um einen Tag aufzuschieben. Wenn wir über unsere Entscheidung zu intensiv nachdenken und versuchen, diese bis zuletzt zu optimieren, verstärken wir diesen Prozess.

Irgendwann muss mit dem Herauszögern also Schluss sein. Besser früher als später. Denn in der Regel haben wir bereits eine Option gefunden, die unseren anspruchsvollen Kriterien entspricht. Wir müssen uns nur auf sie festlegen und nicht nach der scheinbar perfekten Lösung suchen, die es nicht gibt.

Hierbei können zwei effektive Methoden helfen. Zum einen das Setzen einer Deadline für die Entscheidung und zum anderen das Durchgehen einer kurzen Checkliste, um sicherzugehen, dass alle wesentlichen Dinge bei der Entscheidung betrachtet wurden. Dann können Sie Ihre Entscheidung treffen.

WAS IST IHRE DEADLINE?

Wenn wir uns selbst eine Deadline setzen, können wir uns ein Stück weit disziplinieren und so unserer Tendenz vorbeugen, eine Ausrede zu finden und die Entscheidung wieder weiter aufzuschieben. Alles, was wir tun müssen, ist, uns selbst zu sagen: Ich treffe diese Entscheidung bis Freitag um 13 Uhr. Noch effektiver wird die Deadline, wenn Sie sich diese aufschreiben oder sogar in Ihrem Kalender vermerken. Auch eine Erinnerung in Ihrem Handy kann helfen, sie auch wirklich einzuhalten. Eine solche Deadline, die wir uns selbst setzen, mag auf den ersten Blick nur wenig effektiv erscheinen. Wir können sie ja auch einfach nicht beachten. Wir haben sie ja schließlich selbst vorgegeben.

Studien zeigen jedoch, dass Deadlines unser eigenes Verhalten tatsächlich maßgeblich steuern. Amos Tversky und Elgar Schafir haben dies in einem Experiment gezeigt. Studenten hatten die Möglichkeit, 5 Dollar zu verdienen. Hierfür mussten sie nur einen kurzen Fragebogen ausfüllen. Die Wissenschaftler setzten einem Teil der Studenten eine Deadline. Dieser Gruppe wurde gesagt, dass sie nur fünf Tage zum Ausfüllen des Fragebogens haben. Die andere Gruppe konnte abgeben, wann sie wollte. Das Ergebnis zeigte den positiven Effekt der Deadline sehr deutlich. Sie führte dazu, dass immerhin 66 Prozent der Studenten den Fragebogen ausfüllten. In der anderen Gruppe taten dies nur 25 Prozent.[96]

Deadlines setzen uns unter Druck, die Entscheidung in einer bestimmten Zeit zu treffen, und das tun wir dann auch. Denn wir reagieren sehr genau auf zeitliche Vorgaben. Dieses Phänomen nennt man Parkinson'sches Gesetz. Es beschreibt die Tendenz, dass wir genauso lange für etwas brauchen, wie wir denken, dafür Zeit zu haben. Wenn Sie sich für eine Aufgabe 15 Minuten geben, dauert es in der Regel 15 Minuten. Geben Sie sich eine Stunde, dauert es eben eine Stunde. Setzen Sie sich also eine Deadline für Ihre Entscheidung, wird es Ihnen durch die Zeitbegrenzung leichter gelingen, diese dann auch pünktlich zu treffen.[97]

Wenn Sie noch ein wenig effektiver sein wollen, hilft ein einfacher Trick: Teilen Sie die Deadline anderen Menschen mit und machen Sie diese so öffentlich. So sind Sie nicht mehr nur sich selbst gegenüber verantwortlich, sondern eben auch den anderen, die Ihre Deadline kennen. Reden Sie also mit Ihren Freunden und vielleicht sogar mit Ihren Arbeitskollegen über Ihre Deadline. Sie werden es dann ganz automatisch vermeiden wollen, die Entscheidung nicht zu treffen. Denn noch weniger, als die Entscheidung endlich zu treffen, möchten Sie Ihr Gesicht vor Freunden und Verwandten verlieren. So kann ein sanfter sozialer Druck Ihnen dabei helfen, eine gute Entscheidung zu treffen.

Sie haben sich eine Deadline gesetzt? Sehr gut. Dann bleibt jetzt nur noch ein letzter Schritt, und der Entscheidung steht nichts mehr im Wege.

CHECKEN SIE, OB SIE AN DIE WESENTLICHEN DINGE GEDACHT HABEN

Bei wichtigen Entscheidungen macht es Sinn, noch einmal kurz innezuhalten. Vergewissern Sie sich kurz, ob Sie an alles gedacht und die wichtigsten Punkte beleuchtet haben. Damit sie hierbei nicht Gefahr laufen, Ihren Kopf zu überfordern oder erneut in Zweifel zu verfallen, kann man ein einfaches Tool nutzen. Sie ahnen es: eine kurze Checkliste. Diese fokussiert unsere Aufmerksamkeit auf die wichtigsten Punkte und gibt uns gleichzeitig Sicherheit. Wir können die einzelnen Elemente entweder mental oder auf Papier »abhaken« und dann mit dem ruhigen Gewissen, an alle wesentlichen Elemente gedacht zu haben, die Entscheidung treffen.

Wir alle kennen diese Checklisten aus dem Flugverkehr. Hier folgen Pilot und Co-Pilot einer genau festgelegten Liste. Diese beinhaltet sowohl die Überprüfung des Flugzeugs von außen vor dem Start als auch eine bestimme Abfolge von Überprüfungen vor, während und nach dem Flug. Dies wird bei jedem Flug durchgeführt, obwohl die Piloten diese Vorgänge quasi im Schlaf ausüben können. Trotzdem ist der Check vor dem Start vorgeschrieben. So soll verhindert werden, dass sich Routine einschleicht oder in Stresssituationen wichtige Elemente vergessen werden. Außerdem tragen Checklisten dazu bei, dass wichtige Aufgaben nicht doppelt durchgeführt werden. Ähnliche Checklisten gibt es im Übrigen auch für die Bedienung von Baumaschinen oder anderen schweren Geräten. Auch hier sind die Abfolgen komplex und Fehler können schwerwiegende Konsequenzen haben.

Ganz ähnlich ist es auch bei wichtigen Entscheidungen. Deshalb wollen wir auch hier sicher sein, an alle wesentlichen Bereiche gedacht zu haben. Auch deshalb werden Checklisten oft bei strategischen Unternehmensentscheidungen verwendet. Eine der wichtigsten und am häufigsten verwendeten Checklisten in der Unternehmenspraxis umfasst drei Hauptbereiche.

Hier wird zum einen überprüft, ob der Entscheider ausreichend andere Meinungen berücksichtigt hat oder ob er sich von seinen Emotionen leiten lässt. Da bei Unternehmensentscheidungen die Vorlagen in der Regel nicht vom Entscheider selbst vorbereitet werden, sondern von einem Stab oder einem Projektteam, konzentriert sich der zweite Teil der Checkliste auf die Interessen und die Analysen der Teams. Folgen diese ihrer eigenen Agenda oder ist der Vorschlag objektiv genug? Der dritte und letzte Bereich dieser Checkliste konzentriert sich auf den Vorschlag selbst. Wurden hier verschiedene Varianten und mögliche Folgen berücksichtigt? Falls alle drei Bereiche entsprechend berücksichtigt und in der Checkliste vermerkt wurden, kann die Entscheidung getroffen werden.[98] Auch andere Checklisten für Unternehmensentscheidungen versuchen, durch das Fokussieren der Entscheidungsträger auf mögliche Problembereiche die Entscheidungsqualität speziell bei strategischen Entscheidungen zu erhöhen.[99]

Die Anwendung einer solchen Checkliste in der Unternehmenspraxis verbessert nicht nur die Qualität der getroffenen Entscheidung und reduziert den Einfluss von Denkfehlern. In einer Untersuchung, die kürzlich im *Harvard Business Review* veröffentlicht wurde, wurde gezeigt, dass die konsequente Anwendung von Checklisten für wichtige Unternehmensentscheidungen im Durchschnitt zehn Stunden an Diskussionen über die Entscheidung einspart. Außerdem werden Entscheidungen mithilfe von Checklisten zehn Tage schneller getroffen. Auch die Entscheidungsqualität steigt der Studie zufolge messbar: um ganze 20 Prozent.[100] Die Verwendung einer Checkliste kann also, ganz ähnlich wie das Setzen einer Deadline, dazu führen, dass der Entscheidungsprozess am Ende nicht mehr unnötig in die Länge gezogen wird, sondern man sich auf die wichtigsten Punkte konzentriert.

Wenn Ihre Entscheidung etwas weniger komplex ist als ein Unternehmenskauf oder die Internationalisierung eines Produktportfolios, genügt Ihnen auch eine weniger komplexe Checkliste. Diese Checkliste orientiert sich an den zentralen Methoden, die auch in diesem Buch vorgestellt wurden, und überprüft, ob Sie in der Eile entscheidende Analyse- und Denkprozesse übersehen haben. Um die Checkliste durchzugehen, sollten Sie sich drei Fragen stellen:

1. Habe ich verschiedene Sichtweisen in meiner Entscheidung berücksichtigt?
2. Habe ich positive und negative Effekte der Entscheidung abgewogen?
3. Habe ich eine Nacht über die Entscheidung geschlafen?

Wenn Sie alle drei Fragen mit »Ja« beantworten können, ist die Checkliste erfolgreich abgeschlossen. Haben Sie alles erledigt? Dann steht Ihrer guten Entscheidung nichts mehr im Wege.

Also:

Treffen Sie Ihre Entscheidung.

Auch Paul hat seine Entscheidung noch einen Tag vor sich hergeschoben. Doch nun hat er Klarheit über die richtige Entscheidung. Er ist sich sicher, den polnischen Markt zu verlassen und sich auf Deutschland zu konzentrieren. Ein harter Schritt, der sicherlich auch auf viel Kritik stoßen wird und viele Mitarbeiter persönlich betrifft. Aber Paul ist entschlossen. Das langfristige Wachstum in Deutschland ist besser für das Unternehmen und alle Mitarbeiter als Experimente im europäischen Ausland. Von Experten hat er viele kritische Positionen gehört, die Effekte abgewogen, eine Nacht drüber geschlafen. Check. Check. Check. Der Entschluss steht fest. Jetzt kann das Ergebnis an alle Mitarbeiter und Investoren kommuniziert werden.

Ihre Schritte zum Treffen der Entscheidung:
> Setzen Sie sich eine Deadline.
> Erzählen Sie drei Freunden von der Deadline.
> Gehen Sie kurz die Entscheidungscheckliste durch und treffen Sie die Entscheidung.

Ihre Fragen, um die Entscheidung zu treffen:
> Habe ich verschiedene Sichtweisen in meiner Entscheidung berücksichtigt?
> Habe ich positive und negative Effekte der Entscheidung abgewogen?
> Habe ich eine Nacht über die Entscheidung geschlafen?

IHR JOKER: SEIEN SIE ACHTSAM

>>Geben Sie mir sechs Stunden, um einen Baum zu fällen, werde ich die ersten vier Stunden damit verbringen, meine Axt zu schärfen.<<

Abraham Lincoln

Pauls Tag als Unternehmer beginnt früh und endet spät. Oft muss er sich um viele Dinge gleichzeitig kümmern. Während eines Meetings uber die Internationalisierung denkt er schon über die Argumentationslinie für die nächste Besprechung nach und welche Fragen er dem neuen Bewerber am Nachmittag stellt. In seinem aktuellen Meeting ist er nicht bei der Sache. Als ihn sein Kollege dann nach seiner Meinung fragt, muss er erst einmal wieder in dem aktuellen Gespräch ankommen. Zum Glück muss er jetzt keine Entscheidung treffen.

Kommt Ihnen diese Situation bekannt vor? In wichtigen Entscheidungssituationen sind wir oft unkonzentriert und mit unseren Gedanken eigentlich nicht bei der Sache. Kein Wunder: In unserem hektischen Alltag gibt es schließlich viele Aufgaben und Herausforderungen, die um unsere Aufmerksamkeit konkurrieren. Sei es die Nachricht des Kollegen auf dem Handy, der Sohn, der aus der Kita abgeholt werden muss, oder das Abendessen nächste Woche, für das Sie noch dringend einen Tisch reservieren müssen. Besonders bei wichtigen Entscheidungen gilt es jedoch, sich komplett zu fokussieren, um die relevanten Informationen bewerten zu können. Diese Fokussierung auf die aktuelle Situation nennt man Achtsamkeit.

Vielleicht haben Sie schon einmal etwas von Achtsamkeit gehört und verbinden es mit Spiritualität, Esoterik, Selbsthilfebüchern oder der buddhistischen Religion.[101] Es stimmt, dass Achtsamkeit ihren Ursprung im Buddhismus hat. Hier entstand die Methode vor 2 500 Jahren und wird als einer der zentralen Wege zur Erlangung von Weisheit angesehen.[102] Heute sind jedoch auch die Psychologie und Neurowissenschaft auf Achtsamkeit aufmerksam geworden. Eine Vielzahl wissenschaftlicher Studien hat mittlerweile die positive Wirkungsweise auf Konzentrationsfähigkeit und die Reduzierung von Stress bestätigt.

Ihre Fähigkeit zur Achtsamkeit können Sie trainieren wie einen Muskel. Dies lässt sich durch eine Vielzahl kleiner Übungen erreichen, die Sie schnell und einfach in Ihren Alltag integrieren können. Streng genommen handelt es sich bei diesem Weg also nicht um eine Methode, die Sie schnell in einer konkreten Entscheidungssituation einsetzen können, sondern um eine Fähigkeit, die Sie über einen längeren Zeitraum hinweg aufbauen, um sie dann in Entscheidungssituationen effektiv einsetzen zu können. Achtsamkeit ist also keine ganz nette Spielerei, sondern ein effektiver Weg zu mehr Fokus in den Entscheidungssituationen, auf die es ankommt.

WARUM WIR MEHR ACHTSAMKEIT BRAUCHEN

Circa vier E-Mails pro Arbeitsstunde, acht Nachrichten pro Tag bei WhatsApp,[103] noch einmal schnell Facebook checken, was es Neues gibt. Dann klingelt auch schon das Telefon. In manchen Firmen ersetzen Anbieter wie Slack darüber hinaus immer stärker E-Mails, so dass noch ein weiterer Kanal auf Handy und Notebook um die eigene Aufmerksamkeit konkurriert. Kurzum, unsere moderne Welt lenkt uns ständig ab. Dies bedeutet jedoch nicht nur, dass wir in konkreten Entscheidungssituationen oft abgelenkt sind und uns nicht fokussieren. Vielmehr verändern die ständige Ablenkung und das Multitasking, die wir jeden Tag erleben, sogar unser Gehirn selbst und haben damit auch einen langfristigen Einfluss auf unsere Entscheidungsfähigkeit.

Kep Kee Loh und Ryota Kanai von der Universität Sussex im Vereinigten Königreich konnten mithilfe von Magnetresonanzaufnahmen von 75 Studienteilnehmern zeigen, dass die Hirnbereiche, die für die Emotionskontrolle zuständig sind, bei Teilnehmern, die viel Multitasking betreiben, deutlich weniger graue Masse aufwiesen.[104] Somit kann Multitasking dazu führen, dass wir uns schneller ablenken lassen und auf unsere Emotionen reagieren, anstatt konzentriert weiter an einem Thema oder einer Entscheidung zu arbeiten.

Diese Ergebnisse sind kein Einzelfall. Aktuelle Studien in der Neurowissenschaft zeigen, dass unsere permanente Nutzung des Internets und das erhöhte Multitasking mit unseren Smartphones dazu führen, dass wir Informationen nur noch oberflächlich wahrnehmen können, uns leichter ablenken lassen und dass unsere Denkprozesse eingeschränkt werden.[105]

Eine Studie der Stanford University bestätigt dies. Sie zeigt, dass die Studienteilnehmer, die in ihrem Alltag oft mehrere Aufgaben parallel ausübten und die unterschiedliche Medien zur gleichen Zeit nutzten (E-Mails auf dem Handy lesen, während man fernsieht, zum Beispiel) deutlich schlechter Entscheidungen treffen konnten. Diese Teilnehmer haben sich leichter von irrelevanten Umweltinformationen ablenken lassen und ihre eigenen Argumente eher auf Grundlage von irrelevanten Beispielen geformt. Besonders erstaunlich war für die Forscher, dass diese Gruppe auch deutlich schlechter in der Lage war, zwischen verschiedenen Aufgaben zu wechseln. Dies hätten sie durch ihre Erfahrung mit Multitasking eigentlich besser beherrschen sollen. Das Gegenteil war der Fall.[106]

Multitasking oder unsere Nutzung von sozialen Netzwerken zu reduzieren ist sehr schwer. Tatsächlich wirkt insbesondere die Nutzung von sozialen Netzwerken in unserem Gehirn ähnlich wie Rauschmittel. Mit dem gleichen Suchtpotential. Eine Studie der University of Chicago zeigt, dass es genauso schwer ist, von sozialen Netzwerken loszukommen wie von Zigaretten und Alkohol.[107]

Tatsächlich sind unsere teils exzessive Mediennutzung und unser Multitasking mit dem Smartphone Gift für unsere Fähigkeit, gute Entscheidungen zu treffen. Konzentrationsfähigkeit und die Analyse von Zusammenhängen sind ein zentrales Element in jedem Entscheidungsprozess. Um diese Fähigkeiten zu erhalten oder zu verbessern, müssen wir unsere Denkprozesse also trainieren. Insbesondere eine Erhöhung unserer Achtsamkeit kann dabei sehr helfen.

TRAINING VON ACHTSAMKEIT ALS SPORTPROGRAMM FÜR DEN KOPF

Gut 33 Prozent der Deutschen treiben regelmäßig Sport,[108] und jedem ist bewusst, dass wir durch Sport unsere körperliche Leistungsfähigkeit steigern können. Kaum jemand allerdings trainiert seinen Kopf. Dabei kann das Gehirn genauso durch Übungen gestärkt werden wie Muskeln durch Sport. Das ist keinesfalls nur im übertragenen Sinn gemeint. Tatsächlich haben Studien mit

Magnetresonanztomografen gezeigt, dass man durch Achtsamkeitstraining die Struktur seines Gehirns so beeinflussen kann, dass der vordere Teil des Gehirns, der für Konzentration und überlegte Entscheidungen verantwortlich ist, physisch kräftiger wird.

In einem Experiment der Harvard Medical School wurde dies näher untersucht. Das Ergebnis war erstaunlich. Es zeigte, dass ein nur achtwöchiges Achtsamkeitstraining verschiedene Bereiche des Gehirns in ihrer Struktur kräftigt, während andere Bereiche sich verkleinern. Insbesondere wird der vordere Teil des Gehirns, der sogenannte präfrontale Cortex, durch Achtsamkeitstraining gestärkt. Dieser ist für die die Fähigkeit zur Konzentration und zu überlegten Denkprozessen verantwortlich. Darüber hinaus zeigte die Studie auch, dass Achtsamkeitstraining zu einer besseren Emotionssteuerung und zur Berücksichtigung unterschiedlicher Sichtweisen führt. Auf der anderen Seite reduziert es den Einfluss von Angst und Stress.[109] All diese Wirkungsweisen haben einen positiven Effekt auf Ihre Fähigkeit, gute Entscheidungen zu treffen.

Viele Führungskräfte aus Unternehmen, Gesellschaft und der Politik verwenden Achtsamkeitstrainings bereits. In seinem Buch *Tools der Titanen: Die Taktiken, Routinen und Gewohnheiten der Weltklasse-Performer, Ikonen und Milliardäre* hat der Autor und Venture-Kapital-Investor Tim Ferris über 200 wichtige und erfolgreiche Persönlichkeiten aus Wirtschaft, Staat und Wissenschaft interviewt, vom Schauspieler und ehemaligen Gouverneur

Arnold Schwarzenegger, dem Investor Marc Andreessen, dem Gründer von PayPal und LinkedIn Reid Hoffman bis zu dem Autor Paulo Coelho. Deren Strategien sind so unterschiedlich wie die interviewten Personen selbst. Eine Gewohnheit haben jedoch 80 Prozent der über 200 Interviewten gemeinsam: Sie alle integrieren Achtsamkeitsübungen in ihren Alltag, um ihre Konzentration, Leistungsfähigkeit und Entscheidungsfähigkeit zu verbessern.[110]

Was können Sie also tun, um die Vorteile von Achtsamkeitstraining zu nutzen? Und wie können Sie es einfach und effektiv in Ihren Alltag integrieren?

ES GEHT UM DEN GEGENWÄRTIGEN MOMENT

Die Methoden des Achtsamkeitstrainings sind vielfältig. Alle haben jedoch ein Ziel: die Konzentration und Aufmerksamkeit auf einen Punkt, zum Beispiel den eigenen Atem, zu lenken. Wie immer kommen dann jedoch schnell Gedanken in den Kopf. Jetzt gilt es, diese Gedanken wahrzunehmen, zu erkennen, sich dann aber der Tatsache bewusst zu werden, dass man sich nun nicht mehr auf den eigenen Atem, sondern die Gedanken konzentriert. Sobald man dies realisiert, sollte man die Aufmerksamkeit wieder ruhig auf den Atem lenken.[111] Das ist alles. Es klingt erstaunlich einfach. Jeder, der diese

Übung aber ausprobiert, merkt schnell, wie viele Gedanken im Kopf herumschwirren, wie schnell diese die eigene Aufmerksamkeit ablenken und wie schwer es sein kann, diese Ablenkung wahrzunehmen und sich wieder auf seinen Atem zu konzentrieren. Es geht nicht um Perfektion. Vielmehr ist die Übung ein ständiger Prozess und ein Training, bei dem man in kleinen Schritten besser wird.

Achtsamkeitstraining kann man ohne jede Ausbildung oder Training ausprobieren. Suchen Sie sich einen ruhigen Ort, an dem Sie 10 Minuten nicht gestört werden, schließen Sie Ihre Augen und konzentrieren Sie sich auf Ihren Atem. Es geht nicht darum, den Atem zu steuern, sondern ihn wahrzunehmen. Sobald Sie feststellen, dass Sie sich nicht mehr auf Ihren Atem konzentrieren, bringen Sie Ihre Aufmerksamkeit zurück. Manchmal kann es auch helfen, die Atemzüge zu zählen, eins bei der Einatmung, zwei bei der Ausatmung und so weiter bis zehn. Dann starten Sie wieder bei eins.

Um in das Achtsamkeitstraining einzusteigen, empfiehlt sich jedoch in den meisten Fällen entweder ein Seminar oder die Nutzung einer Smartphone-App. Hier gibt es eine Vielzahl von Anbietern, die geführte Achtsamkeitsübungen anbieten. Diese können teilweise umsonst oder gegen eine monatliche Gebühr täglich genutzt werden. Empfehlenswert sind aus meiner Sicht insbesondere »Headspace« und »Die Achtsamkeit-App«, die einfach auf das Smartphone heruntergeladen werden können.

Der Vorteil dieser Apps ist, dass Sie einen Achtsamkeitstrainer immer in der Hosentasche dabei haben. Alles, was Sie dann für die Übungen benötigen, sind ein ruhiger Platz und ein Kopfhörer. Ob zu Hause, in der Bahn, im Flugzeug, bei der Mittagspause, beim Spaziergang: Zehn Minuten sind schnell gefunden. Mit der App können Sie dann direkt mit Ihrem Achtsamkeitstraining starten!

Es muss jedoch nicht immer eine zehnminütige Übung sein. Sie können auch einfach mal für einen Moment innehalten und sich für einige Atemzüge auf Ihren Atem konzentrieren oder bewusst Ihre Gesichtsmuskeln entspannen.

Die vielleicht einfachste Übung zu mehr Achtsamkeit und Konzentration im Alltag ist eine Atemübung, die von Mark Divine, einem Mitglied der US-Spezialeinheit Navy Seals, entwickelt wurde. Diese Übung besteht aus vier Schritten:

1. Atmen Sie für vier Sekunden ein.

2. Halten Sie Ihren Atem für vier Sekunden an.

3. Atmen Sie für vier Sekunden aus.

4. Warten Sie für vier Sekunden und starten Sie dann wieder bei Schritt eins.

Diesen Ablauf können Sie zwei Minuten wiederholen. Am besten führen Sie diese Übung dreimal am Tag durch, einmal morgens direkt nach dem Aufstehen, einmal in der Mittagspause und einmal Abends, kurz bevor Sie ins Bett gehen.[112]

TRAINIEREN SIE ACHTSAMKEIT
IM ALLTAG

Das größte Problem bei der Integration von Achtsamkeitsübungen in den Alltag ist in der Regel, dass man zu beschäftigt ist und die Übungen einfach vergisst. Und das, obwohl jeder 10 Minuten Zeit am Tag hat.

Um den inneren Schweinehund zu besiegen, sollte man eine Gewohnheit aus dem Achtsamkeitstraining machen. Neue Gewohnheiten zu starten ist zwar nicht einfach, kann aber mit einigen Tricks schnell gelingen. Wichtig sind vor allem zwei Dinge: Zum einen sollte man sich einen Reiz schaffen, der dazu führt, dass die neue Gewohnheit durchgeführt wird. Dies kann ein Kalendereintrag sein, eine Erinnerung im Smartphone oder eine Notiz am Kühlschrank beziehungsweise an der Kaffeemaschine, die man beim Vorbereiten des Frühstücks liest. Durch den Reiz wird man erinnert und kann mit der Achtsamkeitsübung starten. Das zweite Element, um erfolgreich eine neue Gewohnheit zu starten, ist, dass diese belohnt werden muss. So dürfen Sie sich nach einer erfolgreichen

Woche, in der Sie jeden Tag zehn Minuten Ihre Achtsamkeitsübung durchgeführt haben, mit einer Kleinigkeit belohnen.[113]

Ein weiterer Trick, um Achtsamkeitsübungen erfolgreich in den Alltag zu integrieren, ist es, Freunde in seine Pläne einzuweihen. Durch den so aufgebauten sozialen Druck haben Sie automatisch einen stärkeren Anreiz, Ihre Gewohnheiten wirklich zu ändern. Ihre Freunde haben im Gegenzug die Chance, Sie bei dem Projekt zu unterstützen. Headspace zum Beispiel bietet eine Freunde-Funktion an. Hier kann man Freunde, die die App ebenfalls nutzen, hinzufügen. Jetzt können Sie sehen, wann und wie lange diese die App genutzt haben, und sich erinnern lassen, falls Sie die selbst gesteckten Ziele einmal nicht erreichen. Mit diesen Hilfestellungen kann es gut gelingen, sich dauerhaft zehn Minuten pro Tag für die Übungen zu nehmen. So werden Sie Ihre Kompetenz und Ihre Konzentration verbessern, um kurz-, mittel- und langfristig besser zu entscheiden.

Ihre Schritte zu mehr Achtsamkeit:

> Laden Sie sich eine App mit geführten Achtsamkeits-übungen herunter.

> Planen Sie jeden Tag zehn Minuten vor dem Frühstück ein und führen Sie die Übung in Ruhe durch, bevor Sie in den Tag starten.

> Richten Sie sich eine tägliche Erinnerung »Achtsam-keitsübung« auf dem Smartphone ein.

Ihre Fragen zu mehr Achtsamkeit:

> Ist meine Atmung gerade tief oder oberflächlich?

> Atme ich gerade tief in meinen Bauch oder in meinen Brustkorb?

> Wie fühlen sich meine Füße auf dem Boden an?

BESSERE ENTSCHEIDUNGEN IM ALLTAG

>>Auf geht's.<<

Calvin Harris, Musikproduzent und DJ

Die Entscheidung, aus dem polnischen Markt auszusteigen, liegt jetzt schon mehrere Wochen zurück und ist trotz aller Bedenken, die Paul hatte, gut von den Mitarbeitern und Investoren aufgenommen worden. Doch natürlich hat sich der Alltag wieder eingeschlichen. Jede Menge neuer Entscheidungen steht an. Wie soll das Unternehmen in Deutschland wachsen? Soll die Produktlinie erweitert werden? Braucht die Firma ein neues Werbegesicht? Wie kann man die einmal erfolgreich angewendeten Methoden auch im Alltag für wichtige Entscheidungen verwenden? Wie werden diese Herangehensweisen ein selbstverständlicher Teil des eigenen Denkprozesses?

Mit den sieben Schritten, die wir in den letzten Kapiteln kennengelernt haben, können Sie wichtige Entscheidungen auf Basis eines einfachen Prozesses und mithilfe von schnell umsetzbaren Methoden treffen.

Sie kennen diese Methoden jetzt zwar, damit diese jedoch einen wirklichen Nutzen für Sie in Ihrem Alltag entfalten können, müssen Sie die Methoden auch anwenden, und zwar am besten regelmäßig. Deshalb möchte ich Ihnen in diesem letzten und abschließenden Kapitel noch einige Tipps geben, wie Sie die sieben Schritte nicht schnell wieder vergessen, sondern auch über längere Zeit nutzen und in Ihren Alltag einbeziehen können. Außerdem stelle ich Ihnen in diesem Kapitel verschiedene Übungen vor, mit denen Sie Ihre Entscheidungsfreudigkeit trainieren können.

Bevor wir jedoch zu den Übungen kommen, möchte ich einen ganz zentralen Punkt noch einmal ins Gedächtnis rufen: die Frage, wie wir Entscheidungen beurteilen sollten.

Wie wir wissen, können wir die Qualität unserer Entscheidung nur zu dem Zeitpunkt bewerten, an dem wir die Entscheidung getroffen haben. Eine nachträgliche Beurteilung macht keinen Sinn, da wir viele Faktoren im Zusammenhang mit der Entscheidung nicht beeinflussen können und diese Zufälle daher nicht in die Beurteilung unserer Entscheidung einfließen lassen sollten. Dies ist aus meiner Sicht ein ganz wichtiger Punkt. Denn wie wir in den vorherigen Kapiteln gesehen haben, fällt es uns oft schwer, eine Entscheidung zu treffen, da wir Angst vor Fehlentscheidungen haben. Wenn wir uns aber unsere einfache Regel für die Beurteilung von Entscheidungen immer wieder bewusst machen, wird es uns leichter fallen.

Die Qualität unserer Entscheidung muss zum Zeitpunkt der Entscheidung beurteilt werden und nicht im Nachhinein.

Wenn Sie diese Regel beherzigen, wird es Ihnen deutlich leichter fallen, zu entscheiden. Am besten schreiben Sie sich die Regel einfach auf und hängen sie an den Kühlschrank. Dort sehen Sie sie automatisch jeden Morgen. So bleibt die Regel für Sie präsent, bis Sie sie verinnerlicht haben. Sie hilft auch dabei, die Entscheidungen anderer angemessen zu beurteilen und nicht im Nachhinein schlechtzureden. Es kommt bei der Bewertung immer nur auf den Zeitpunkt der Entscheidung an. Wenn wir anders vorgehen, sind wir uns selbst und anderen gegenüber nicht fair.

Drei Jahre später hat sich Pauls Unternehmen sehr gut entwickelt. Der Umsatz hat sich verdoppelt und er konnte das Unternehmen auf eine solide wirtschaftliche Basis stellen. Dadurch ist er nun auch weniger als zuvor auf Investoren angewiesen, sondern kann sein Wachstum aus den Gewinnen der Firma finanzieren. Paul weiß, dass diese Ergebnisse nicht zur Beurteilung seiner Entscheidung von damals dienen. Diese hat er vor drei Jahren zum Zeitpunkt der Entscheidung bewertet. Es war damals eine gute Entscheidung.

Trotzdem stellt die positive wirtschaftliche Entwicklung seines Unternehmens Paul erneut vor eine Entscheidung: Sollen wir mit unseren Produkten jetzt vielleicht in andere internationale Märkte gehen? Vielleicht können wir mit unser stärkeren Marke und den größeren finanziellen Mitteln heute in Polen oder Frankreich erfolgreich sein? Die wichtigen Methoden, um diese Entscheidung zu treffen, kennt Paul jetzt. Er hat sie ja bereits vor drei Jahren und auch in der Zwischenzeit immer wieder angewandt. Also geht Paul den ersten Schritt. Er lädt sein Führungsteam zu einer Besprechung ein, in der er die zukünftige Strategie seiner Firma und die nächsten Wachstumsprojekte besprechen möchte.

WIE KÖNNEN SIE ES ÜBEN, ENTSCHEIDUNGEN ZU TREFFEN?

Oft scheuen wir uns davor, eine Entscheidung zu treffen, auch wenn wir eigentlich wissen, was wir tun müssen und welche Methoden wir anwenden können. Wir möchten die Verantwortung nicht übernehmen. Auch dies können wir aber leicht üben. So kann es uns gelingen, im Alltag auch schwierige Entscheidungen zu treffen.

Entscheidungen zu treffen ist eine Fähigkeit, die man lernen kann, wenn man sie trainiert, genau wie jede neue Fertigkeit, egal ob es Klavierspielen ist oder zehn Kilometer zu joggen. Wir fangen mit kleinen Schritten an. Wenn wir vorher noch nie gelaufen sind, laufen wir sehr langsam. Wenn wir außer Atem sind, gehen wir für einige

Zeit und starten dann wieder einen langsamen Lauf. Mit der Zeit werden wir besser. Wir trainieren unseren Körper, und nach und nach können wir eine halbe Stunde am Stück laufen. Wenn wir kontinuierlich weiter üben, können wir bald länger joggen, und nach einer Weile ist es dann so weit, wir können zehn Kilometer am Stück laufen. Etwas, was wir uns am Anfang niemals hätten vorstellen können. Dies gilt im Übrigen nicht nur für körperliche Aktivitäten, sondern auch für geistige oder koordinative Fähigkeiten wie das Erlernen eines Instruments oder eben für das Treffen von Entscheidungen.

Der Schlüssel dazu ist Training. Insbesondere sind zwei Faktoren wichtig, Wiederholung und Mut. Zum einen brauchen wir Mut und den Glauben an uns selbst, dass wir die neue Fähigkeit lernen können, ansonsten werden wir niemals starten. Zum anderen müssen wir üben.

Die Lernforschung hat gezeigt, dass man nachhaltiges Lernen, also Lernen mit einem möglichst geringen Wissensverlust, vor allem über Training und Wiederholung sicherstellen kann.[114] Wenn wir also unsere Fähigkeit zum Treffen von Entscheidungen trainieren möchten, müssen wir die sieben Schritte zur Entscheidungsfindung trainieren. Dann werden diese Methoden mit der Zeit für uns selbstverständlich und ein Teil unseres Alltags beziehungsweise unserer Herangehensweise an Entscheidungen.

Unser Gehirn entwickelt sich ständig weiter und passt sich so an neue Umgebungen oder Herausforderungen an. Die Verbindungen in unserem Gehirn, die sogenannten

Synapsen, werden kontinuierlich neu geordnet. Das ist eine sehr gute Nachricht, denn so können wir immer neue Fähigkeiten lernen und uns weiterentwickeln, egal wie alt wir sind. Wenn wir eine neue Fähigkeit durch Wiederholen und durch Anwendungen lernen, werden in unserem Gehirn neue Synapsen gebildet. Je öfter wir das Gelernte wiederholen und anwenden, desto stärker werden diese Verbindungen. So beugen wir dem Vergessen vor und es fällt uns leichter, das Gelernte in neue Gewohnheiten zu überführen. Dadurch, dass sich unser Gehirn und unsere Denkprozesse also buchstäblich verändern, können wir auch anders auf Situationen reagieren. Wir passen unser Verhalten an und verbessern unsere Fähigkeiten nachhaltig.[115]

Das sind doch sehr gute Aussichten. Denn es scheint tatsächlich so zu sein, dass Übung den Meister macht. Es geht also weniger um Talent als um Übung, wenn wir neue Fähigkeiten erlernen wollen. Dies gilt auch für absolute Spitzenleistungen. Hier brauchen wir allerdings deutlich mehr Übung.

Dies haben Anders Ericsson und seine Kollegen von der University of Colorado und dem Max-Planck-Institut für Bildungsforschung herausgefunden. Sie zeigen, dass Fähigkeiten, von denen man ursprünglich angenommen hat, dass sie auf Talent zurückgehen, das Ergebnis von in der Regel zehn Jahren intensiver Übung sind. Schachgroßmeister zum Beispiel haben in der Regel zehn Jahre lang intensiv trainiert, um diese speziellen Fähigkeiten zu erlangen. Das Gleiche gilt für Spitzensportler oder Redner.[116] In seinem Buch *Überflieger* beschreibt Malcom Gladwell genau dieses Phänomen. Er zeigt, dass man mit 10 000 Stunden intensiver Übung jede Fähigkeit auf Weltklasseniveau erlernen kann. Egal ob die Beatles oder Bill Gates, vor ihrem großen Durchbruch hatten alle ein intensives Training hinter sich und ihre jeweiligen Fähigkeiten in 10 000 Stunden perfektioniert.[117]

Aber um gute Entscheidungen zu treffen, brauchen Sie nicht zehn Jahre trainieren. Dieses Beispiel soll Ihnen vielmehr zeigen, dass jeder gute Entscheidungen treffen kann. Es handelt sich bei dieser Fähigkeit nicht um ein Talent, sondern um etwas, das man lernen kann. Mit kleinen Übungen und einer kontinuierlichen Integration der sieben Schritte können Sie Ihre Entscheidungsfähigkeit über die Zeit nachhaltig verbessern. Und Sie können bereits heute damit anfangen.

DREI ÜBUNGEN FÜR BESSERE ENTSCHEIDUNGEN

Um das Treffen von Entscheidungen zu üben und auch mutig die Verantwortung für diese Entscheidungen zu übernehmen, können Sie mit einer einfachen Übung beginnen.

Übung 1

Alltägliche Entscheidungen verbessern

Fangen Sie mit einfachen und alltäglichen Entscheidungen an zu üben. Denn auch bei diesen Entscheidungen sind wir oft nicht besonders entscheidungsfreudig. Was wollen wir heute essen? Welchen Film wollen wir im Kino ansehen? Oft antworten wir hier: »Ist mir egal.« Sie können diese kleinen Entscheidungen jedoch bewusst nutzen, um sich auf größere vorzubereiten.

Hierfür können Sie in den nächsten zehn Tagen eine Übung starten. Übernehmen Sie die Verantwortung für solche alltäglichen Entscheidungen in Ihrer Familie oder mit Freunden und treffen Sie einige kleinere Entscheidungen. Bilden Sie sich im ersten Schritt Ihre eigene Meinung und machen Sie dann einen Vorschlag und begründen Sie ihn gut. Mit der Zeit wird es Ihnen deutlich leichter fallen, diese kleinen Entscheidungen zu treffen. Sie trainieren Ihren Mut und übernehmen Verantwortung für kleinere alltägliche Entscheidungen. Auf dieser Basis wird es Ihnen deutlich leichter fallen, das Gleiche auch für große und wichtige Entscheidungen zu tun.

Übung 2

Ihre letzte große Entscheidung analysieren

Wenn Sie die erste Übung erfolgreich abgeschlossen haben, können wir einen Schritt weiter gehen. Analysieren Sie hierfür eine Entscheidung, die Sie bereits getroffen haben. Überprüfen Sie hierbei, ob Sie die sieben Schritte für bessere Entscheidungen bereits angewendet haben, oder nicht. Diese Übung soll Ihnen nicht vor Augen führen, was Sie vielleicht nicht oder falsch gemacht haben. Es geht darum, zu überlegen, wie Sie die Methoden in diesem Buch hätten anwenden können. Wen hätten Sie fragen können? Wie hätten Sie einen Kritiker mit einbeziehen können? Haben Sie überhaupt das richtige Problem gelöst oder eigentlich an einem Symptom des Problems gearbeitet? Ist es Ihnen leichtgefallen, die Entscheidung zu treffen?

Nehmen Sie sich ruhig ein wenig Zeit dafür, diese Fragen zu beantworten. So können Sie für die Zukunft identifizieren, welche der Methoden für Sie besonders relevant sind und welche Sie ohnehin schon in Ihren Entscheidungen verwenden. Auf Basis dieser Analyse können Sie für die nächsten wichtigen Entscheidungen zielgerichtet vorgehen und Sie wissen bereits sehr gut, wann welche Methode zum Einsatz kommen kann.

Stoppen Sie das Aufschieben

Die dritte und letzte Übung, mit der Sie starten können, die sieben Schritte in Ihren Alltag zu integrieren, ist es, sich nun einer Entscheidung zu widmen, die Sie bewusst oder unbewusst vor sich hergeschoben oder verdrängt haben. Denken Sie eine Minute darüber nach. Um welche Entscheidung geht es hierbei?

Vielleicht wissen Sie auch schon ganz schnell, welche Entscheidung ich meine. Vielleicht ist es das Gespräch mit einem Kollegen nach einer Auseinandersetzung, von dem Sie wissen, dass Sie es führen müssten, oder die Bewerbung, die Sie aufgeschoben haben, weil Sie sich nicht ganz sicher sind, ob es der richtige Job ist oder die richtige Zeit oder schlicht das richtige Anschreiben. Arbeiten Sie an dieser Entscheidung, ob groß oder klein. Wenn es mehrere Entscheidungen sind, starten Sie mit der kleineren. Nutzen Sie die Methoden und treffen Sie die Entscheidung. Haben Sie den Mut. Sie werden sehen, wenn Sie die Entscheidung in die Tat umgesetzt haben, werden Sie sich sehr gut und befreit fühlen. Dann ist auch die nächste wichtige Entscheidung kein großes Problem mehr für Sie. Übung macht den Meister, auch und gerade bei Entscheidungen.

Mit diesen Übungen können Sie bessere Entscheidungen Schritt für Schritt in Ihren Alltag integrieren. Hierbei ist die Anwendung der Methoden über einen längeren Zeitraum wichtig. Nur so können Sie diese nachhaltig in Ihre Entscheidungsprozesse einbauen. Nur wenn Sie sich jetzt vornehmen, diese Prozesse zu ändern, wird Ihnen dies auch gelingen. Das reine Wissen über die Methoden reicht leider nicht aus. Wir müssen sie anwenden und wiederholen, bis sich neue Synapsen in unserem Gehirn gebildet haben und die Methoden Teil unserer Denkprozesse geworden sind.

Unser Leben besteht daraus, was wir jeden Tag tun. Wenn wir also unsere Herangehensweisen an Entscheidungen verändern wollen, müssen wir auch etwas in unserem Alltag ändern. Dies müssen keine großen Veränderungen sein, aber es bleiben Veränderungen, die uns nicht immer leicht fallen. Die vorgestellten Übungen helfen Ihnen dabei. Sie ermöglichen Ihnen, Änderungen in Ihrem Alltag vorzunehmen und die sieben Schritte auch tatsächlich zu nutzen. Jede Veränderung beginnt mit dem ersten Schritt.

IN SIEBEN SCHRITTEN ZU BESSEREN ENTSCHEIDUNGEN

Insbesondere die nächsten zehn Tage spielen nun eine wichtige Rolle. Wenn Sie jetzt die Entscheidung treffen, die vorgestellten Methoden anzuwenden, starten Sie mit den drei beschriebenen Übungen. Stellen Sie sich dieser Herausforderung und blocken Sie sich bereits ein bisschen Zeit in den nächsten Tagen, um die Übungen durchzuführen.

Dieses Buch können Sie auch als Nachschlagewerk verwenden. Lesen Sie es bei Ihrer nächsten wichtigen Entscheidung erneut und gehen Sie die Schritte systematisch nacheinander durch.

Egal ob Sie die Methoden aus diesem Buch erst bei kleineren Entscheidungen anwenden wollen oder für Ihre nächste wichtige Entscheidung verwenden: Nutzen Sie einfach den vorgestellten Prozess und stärken Sie Ihren Geist und Ihre Fähigkeit zu Entscheidungen. Dann werden Ihnen auch die schwierigsten Entscheidungen schnell leichter fallen und Sie werden einfach besser entscheiden.

Haben Sie Vertrauen in sich und legen Sie los!

»Ein Ziel ohne einen Plan ist nur ein Wunsch.«

Antoine de Saint-Exupéry,
Schriftsteller und Pilot

ANMERKUNGEN

1. Tönnesmann, J., 20 000 Blitzentscheidungen pro Tag, in: Wirtschaftswoche, Juli 2008.
2. Heath, C., D. Heath, Decisive, New York 2013.
3. Statista.
4. Heath, C., D. Heath, Decisive, New York 2013.
5. Flaws in strategic decision making: McKinsey Global Survey results, McKinsey & Company, 2009.
6. Kahneman, D., Schnelles Denken, langsames Denken, München 2012.
7. Statista.
8. Lehrer, J., How we decide, New York 2009.
9. Lovallo, D., O. Sibony, The case for behavioral strategy, in: McKinsey Quarterly, 2010: S. 1–16.
10. Heath, C., D. Heath, Decisive, New York 2013.
11. Kahneman, D., Schnelles Denken, langsames Denken, München 2012.
12. Williams, A. F., Views of US drivers about driving safety, in: Journal of Safety Research, 2003. 34(5): S. 491–494.
13. Russo, J.E. , P.J.H. Schoemaker, Decision Traps: Ten Barriers to Brilliant Decision-Making and How to Overcome Them, New York 1990.
14. Antworten zu den Einschätzungsfragen Seite 26/27:
1) 6 249,7 Meilen oder 10 000 km, 2) 8 Sekunden,
3) 1 700, 4) 6,4 Millionen Tonnen, 5) 1,7 Millionen,
6) 30 Jahre, 7) 1,72 Millionen Hektoliter, 8) 100 km,
9) 8 %, 10) 770 000 Jahre.

15. Kahneman, D., D. Lovallo, Timid choices and bold forecasts: A cognitive perspective on risk taking, in: Management Science, 1993. 39(1): S. 17–31.

16. Mochon, D., M. I. Norton, D. Ariely, Bolstering and restoring feelings of competence via the IKEA effect, in: International Journal of Research in Marketing, 2012. 29(4): S. 363–369.

17. Norton, M. I., D. Mochon, D. Ariely, The IKEA effect: When labor leads to love, in:. Journal of consumer psychology, 2012. 22(3): S. 453–460.

18. Dohle, S., S. Rall, M. Siegrist, I cooked it myself: preparing food increases liking and consumption, in: Food quality and preference, 2014. 33: S. 14–16.

19. Bazerman, M. H., D. A. Moore, Judgment In Managerial Decision Making. Hoboken 2008.

20. www.lungenaerzte-im-netz.de

21. Statista.

22. www.iata.org

23. www.wikipedia.org

24. www.focus.de

25. www.who.int

26. Talamas, S. N., K. I. Mavor, D. I. Perrett, Blinded by Beauty: Attractiveness Bias and Accurate Perceptions of Academic Performance, in: PLOS ONE 2016. 11(2): S. e0148284.

27. Nisbett, R. E., T. D. Wilson, The halo effect: Evidence for unconscious alteration of judgments, in: Journal of Personality and Social Psychology, 1977. 35(4): S. 250.

28. Whelan, C., The 10 Most Common Feelings Worldwide: We Feel Fine, in: The Huffington Post März 2010.

29. Gallup, Gallup 2017 Global Emotions. 2018.

30. Lerner, J. S., D. Keltner, Fear, anger, and risk, in: Journal of Personality and Social Psychology, 2001. 81(1): S. 146.

31. Van Kleef, G. A., C. K. De Dreu, A. S. Manstead, The interpersonal effects of anger and happiness in negotiations, in: Journal of personality and social psychology, 2004. 86(1): S. 57.

32. Brosnan, S. F., F. B. De Waal, Monkeys reject unequal pay. Nature, 2003. 425(6955): S. 297.

33. Güth, W., On ultimatum bargaining experiments – A personal review, in: Journal of Economic Behavior & Organization, 1995. 27(3): S. 329–344.

34. Oosterbeek, H., R. Sloof, G. van de Kuilen, Cultural Differences in Ultimatum Game Experiments: Evidence from a Meta-Analysis, in: Experimental Economics 2004. 7(2): S. 171–188.

35. Nowak, M. A., K. M. Page, K. Sigmund, Fairness versus reason in the ultimatum game, in: Science, 2000. 289(5485): S. 1773–1775.

36. www.youtube.com

37. Bazerman, M. H., The Power of Noticing: What the Best Leaders See, New York 2015.

38. Wolfe, J. M., T. S. Horowitz, N. M. Kenner, Cognitive psychology: rare items often missed in visual searches, in: Nature, 2005. 435(7041): S. 439.

39. Loewenstein, G. F., et al., Risk as feelings, in: Psychological Bulletin, 2001. 127(2): S. 267.

40. Bregman, P., Are You Trying to Solve the Wrong Problem?, in: Harvard Business Review, 2015.

41. Andersen, B., T. Fagerhaug, Root cause analysis: simplified tools and techniques, in: ASQ Quality Press, 2006.

42. www.businessinsider.com

43. Nadeau, R., E. Cloutier, J.-H. Guay, New evidence about the existence of a bandwagon effect in the opinion formation process, in: International Political Science Review, 1993. 14(2): S. 203–213.

44. Dahlgaard, J. O., et al., How Election Polls Shape Voting Behaviour, in: Scandinavian Political Studies, 2017. 40(3): S. 330–343.

45. McAllister, I., D. T. Studlar, Bandwagon, underdog, or projection? Opinion polls and electoral choice in Britain, 1979–1987, in: The Journal of Politics, 1991. 53(3): S. 720–741.

46. Mehrabian, L., Effects of poll reports on voter preferences, in: Journal of Applied Social Psychology, 1998. 28(23): S. 2119–2130.

47. Janis, I. L., Groupthink: Psychological studies of policy decisions and fiascoes, Wadsworth: Cengage Learning, 1982.

48. Esser, J. K., J. S. Lindoerfer, Groupthink and the space shuttle Challenger accident: Toward a quantitative case analysis, in: Journal of Behavioral Decision Making, 1989. 2(3): S. 167–177.

49. Garvin, D. A., J. D. Margolis, The Art of Giving and Receiving Advice, in: Harvard Business Review, 2015.

50. Heath, C., D. Heath, Decisive, New York 2013.

51. Brooks, A. W., F. Gino, M. E. Schweitzer, Smart people ask for (my) advice: Seeking advice boosts perceptions of competence, in: Management Science, 2015. 61(6): S. 1421–1435.

52. Lord, C. G., L. Ross, M. R. Lepper, Biased assimilation and attitude polarization: The effects of prior theories on subsequently considered evidence, in: Journal of Personality and Social Psychology, 1979. 37(11): S. 2098.

53. Statista.

54. Klayman, J., Varieties of confirmation bias, in Psychology of learning and motivation, Amsterdam 1995. 32: S. 385–418.

55. Young, K., Social Media Captures Over 30% of Online Time, Global Web Index, September 2017.

56. Eslami, M., et al., »I always assumed that I wasn't really that close to [her]«: Reasoning about Invisible Algorithms in News Feeds, in: Proceedings of the 33rd Annual ACM Conference on Human Factors in Computing Systems. ACM: Seoul, Republic of Korea 2015: S. 153–162.

57. Kray, L. J., A. D. Galinsky, The debiasing effect of counterfactual mind-sets: Increasing the search for disconfirmatory information in group decisions, in: Organizational Behavior and Human Decision Processes, 2003. 91(1): S. 69–81.

58. Schulz-Hardt, S., M. Jochims, D. Frey, Productive conflict in group decision making: genuine and contrived dissent as strategies to counteract biased information seeking, in: Organizational Behavior and Human Decision Processes, 2002. 88(2): S. 563–586.

59. Wile, R., How Hedge Funder Doug Kass Got The Dream Opportunity To Go Head To Head With Warren Buffett, in: Business Insider, März 2013.

60. Philipps, K. W., How Diversity Makes Us Smarter, in: Scientific American, 2014.

61. Dalio, R., Principles: Life and Work, New York 2017.

62. Mulvaney, B., Red Teams: Strengthening through challenge, Marine Corps Gazette 2012.

63. Günther, B., S. Heiligtag, A. Webb, A case study in combating bias. McKinsey Quarterly, 2017.

64. Kirsten, N., Die Macht des Zufalls, in: Die Zeit, Juli 2008.

65. Mele, C., Pushing That Crosswalk Button May Make You Feel Better, but …, in: The New York Times, Oktober 2016.

66. Simon, M., S. M. Houghton, K. Aquino, Cognitive biases, risk perception, and venture formation: How individuals decide to start companies, in: Journal of Business Venturing, 2000. 15(2): S. 113–134.

67. Langer, E. J., The illusion of control, in: Journal of Personality and Social Psychology, 1975. 32(2): S. 311–328.

68. Vermeulen, F., N. Sivanathan, Stop doubling down on your failing strategy, in: Harvard Business Review, 2017 (November–Dezember): S. 110–117.

69. Klein, G., Performing a Project Premortem, in: Harvard Business Review 2007. 85(9): S. 18–19.

70. Walker, M., Why We Sleep: Unlocking the Power of Sleep and Dreams, New York 2018.

71. Dijksterhuis, A., T. Meurs, Where creativity resides: The generative power of unconscious thought, in: Consciousness and Cognition, 2006. 15(1): S. 135–146.

72. Dijksterhuis, A., Think different: the merits of unconscious thought in preference development and decision making, in: Journal of Personality and Social Psychology, 2004. 87(5): S. 586.

73. Dijksterhuis, A., et al., On Making the Right Choice: The Deliberation-Without-Attention Effect, in: Science, 2006. 311(5763): S. 1005–1007.

74. Dijksterhuis, A., et al., Predicting soccer matches after unconscious and conscious thought as a function of expertise, in: Psychological Science, 2009. 20(11): S. 1381–1387.

75. Dijksterhuis, A., et al., On Making the Right Choice: The Deliberation-Without-Attention Effect, in: Science, 2006. 311(5763): S. 1005–1007.

76. Walker, M., Why We Sleep: Unlocking the Power of Sleep and Dreams, New York 2018.

77. Ebd.

78. Ebd.

79. Wagner, U., et al., Sleep inspires insight, in: Nature, 2004. 427(6972): S. 352.

80. Walker, M., Why We Sleep: Unlocking the Power of Sleep and Dreams, New York 2018.

81. Maquet, P., C. Smith, R. Stickgold, Sleep and Brain Plasticity, Oxford University Press, 2003.

82. Harrison, Y., J. A. Horne, One night of sleep loss impairs innovative thinking and flexible decision making, in: Organizational Behavior and Human Decision Processes, 1999. 78(2): S. 128–145.

83. Konnikova, M., The Walking Dead, in: The New Yorker, Juli 2015.

84. Tietzel, A. J., L. C. Lack, The recuperative value of brief and ultra-brief naps on alertness and cognitive performance, in: Journal of Sleep Research, 2002. 11(3): S. 213–218.

85. Samuelson, W., R. Zeckhauser, Status quo bias in decision making, in: Journal of Risk and Uncertainty, 1988. 1(1): S. 7–59.

86. Statista.

87. Kahneman, D., Schnelles Denken, langsames Denken, München 2012.

88. Kahneman, D., D. Lovallo, O. Sibony, Before you make that big decision, in: Harvard Business Review, 2011. 89(6): S. 50–60.

89. Welch, S., 10-10-10: A Life Transforming Idea, New York 2009.

90. www.timeanddate.de.

91. www.spiegel.de.

92. Schwartz, B., The Paradox of Choice, New York 2009.

93. Iyengar, S. S., M. R. Lepper, When choice is demotivating: Can one desire too much of a good thing?, in: Journal of personality and social psychology, 2000. 79(6): S. 995.

94. Schwartz, B., The Paradox of Choice, New York 2009.

95. Simon, H. A., Rational choice and the structure of the environment, in: Psychological Review, 1956. 63(2): S. 129.

96. Tversky, A., E. Shafir, Choice under conflict: The dynamics of deferred decision, in: Psychological Science, 1992. 3(6): S. 358–361.

97. From the Archive: Parkinson's Law, abgerufen über www.economist.com

98. Kahneman, D., D. Lovallo, O. Sibony, Before you make that big decision, in: Harvard Business Review, 2011. 89(6): S. 50–60.

99. Meissner, P., O. Sibony, T. Wulf, Are you ready to decide?, in: McKinsey Quarterly, 2015.

100. Larson, E., A Checklist for Making Faster, Better Decisions, in: Harvard Business Review, 2016.

101. Zimmermann, M., C. Spitz, S. Schmidt, Achtsamkeit: Ein buddhistisches Konzept erobert die Wissenschaft, Bern 2012.

102. Kang, C., K. Whittingham, Mindfulness: A dialogue between Buddhism and clinical psychology, in: Mindfulness, 2010. 1(3): S. 161–173.

103. Statista.

104. Loh, K. K., R. Kanai, Higher media multi-tasking activity is associated with smaller gray-matter density in the anterior cingulate cortex, in: Plos One, 2014. 9(9): S. e106698.

105. Loh, K. K., R. Kanai, How has the Internet reshaped human cognition?, in: The Neuroscientist, 2016. 22(5): S. 506–520.

106. Ophir, E., C. Nass, A. D. Wagner, Cognitive control in media multitaskers, in: Proceedings of the National Academy of Sciences, 2009. 106(37): S. 15583–15587.

107. Study finds lure of entertainment, work hard for people to resist, in: University of Chicago News, 27. Januar 2012.

108. Statista.

109. Hölzel, B. K., et al., Mindfulness practice leads to increases in regional brain gray matter density, in: Psychiatry Research, 2011. 191(1): S. 36–43.

110. Ferris, T., Tools der Titanen: Die Taktiken, Routinen und Gewohnheiten der Weltklasse-Performer, Ikonen und Milliardäre, München 2017.

111. https://www.nytimes.com/guides/well/how-to-meditate

112. Sunstrom, L., Breaking out of Homeostasis, Amazon Media EU S.à r.l., 2017, 7. Dezember 2017.

113. Duhigg, C., Die Macht der Gewohnheit: Warum wir tun, was wir tun, Berlin 2012.

114. Hattie, J. A. C., G. M. Donoghue, Learning strategies: a synthesis and conceptual model, in: Npj Science Of Learning, 2016. 1: S. 16013.

115. Butz, M., A. van Ooyen, A simple rule for dendritic spine and axonal bouton formation can account for cortical reorganization after focal retinal lesions. in: PLoS Computational Biology, 2013. 9(10): S. e1003259.

116. Ericsson, K. A., R. T. Krampe, C. Tesch-Römer, The role of deliberate practice in the acquisition of expert performance, in: Psychological Review, 1993. 100(3): S. 363.

117. Gladwell, M., Überflieger, Frankfurt 2009.

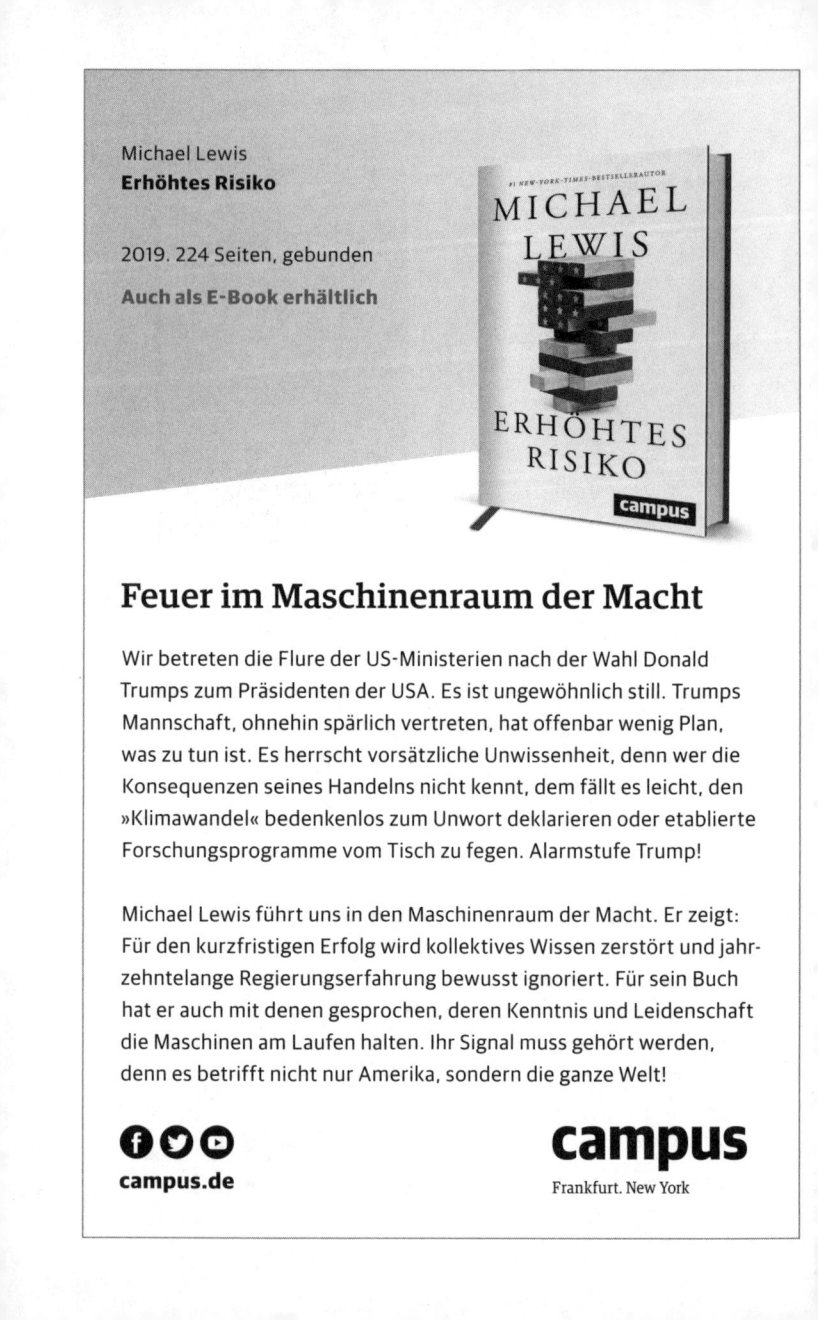